平成29年版学習指導要領対応
中学校理科

図解でわかる「深い学び」のプロセス

ビジュアル解説 & ワークシート集

東京都板橋区立高島第一中学校主幹教諭
大久保秀樹 著

はじめに

　歌舞伎には300以上の演目があると言われています。その中で、代表的な演目が歌舞伎十八番です。歌舞伎の名門、市川家では、これらの台本を立派な箱に入れて保管していたことからこの18の演目を「おはこ」と言い、一般的に得意芸のことを「おはこ」と言うようになりました。

　科学的なことに興味があった私は、中学校の理科の教員になり、いつのまにか30年近くになろうとしています。私たち理科の教員は、何度も同じ観察や実験を指導しますが、生徒にとってはその時間に行う観察や実験は一生に一回の経験です。そして生徒によっては、中学校卒業後はほとんど観察や実験をする機会がないかもしれません。つまり中学校の理科は、その生徒たちの世代に共通する科学的基盤に関して責任を負っているのです。

　私はその貴重な観察や実験を有効かつ円滑に行うために、次のような原則に基づいて行っています。

1. 観察や実験の目的は、はじめに明確に伝える。
2. 方法の説明は、簡潔に短時間で合理的に行う。
3. 方法をワークシートに記入して確認させる。（ここまでで10分以内）
4. 観察・実験には、試行錯誤をする部分をできるだけ入れ、時間は十分にとる。（30分程度）
5. 全部の班の片付けを確認したのち、結果の確認や考察の発表をさせる。（10分程度）

　これを標準的な観察や実験の授業として、この流れに合うワークシートを手書きでつくっていました。特に「図」にはこだわって、見る角度や実験台に並べる位置も考慮しました。このようにして作成したワークシートは、東京書籍のホームページ上で公開されるようになりました。

　そして今回、私が「おはこ」と思っている授業について、指導計画や指導案、ワークシートを一冊にまとめ、出版することとなりました。これらの指導事例は、はじめから「主体的」「対話的」で「深い学び」をねらったものではありません。しかし、観察や実験で試行錯誤したり考察したりする場面では、「主体的」に考えて「対話」を行うことが不可欠であり、それらがなされていれば授業を展開していくに従い、必然的に学びは「深く」なっていきます。本書を手にとった先生方が、今日的な新しい手法も取り入れながら、生徒の貴重な体験をより有効なものにしていくことを期待しています。

中学校理科　図解でわかる「深い学び」のプロセス
ビジュアル解説＆ワークシート集

目　次

はじめに ……………………………………………………………………………… 1
本書の使い方 ………………………………………………………………………… 4

● 指導事例❶　1年 葉のつくりとはたらき …………………………… 6
　1　葉のつくり ………………………………………………………………… 10
　2　光合成と呼吸 ……………………………………………………………… 12
　3　蒸散と吸水 ………………………………………………………………… 14

● 指導事例❷　1年　光 ……………………………………………………… 16
　1　反射 ………………………………………………………………………… 20
　2　透明な物体を通る光【発展】 …………………………………………… 22
　3　凸レンズを通る光① ……………………………………………………… 24
　4　凸レンズを通る光② ……………………………………………………… 26

● 指導事例❸　2年　電流と磁界 ………………………………………… 28
　1　磁石による磁界と電流による磁界 ……………………………………… 32
　2　磁界、電流、力の関係① ………………………………………………… 34
　3　磁界、電流、力の関係② ………………………………………………… 36
　4　磁界、電流、力の関係③ ………………………………………………… 38

● 指導事例❹　2年　物質の分解と化合、酸化と還元 ……………… 40
　1　物質の分解とその利用① ………………………………………………… 44
　2　物質の分解とその利用② ………………………………………………… 46

3 化学変化と原子・分子 ·· 48
  4 酸化と還元 ·· 50

●指導事例❺　2年　水蒸気の変化と雲のでき方 ·············· 52
  1 湿度の測定 ·· 56
  2 雲のでき方と大気圧 ·· 58

●指導事例❻　3年　物体のいろいろな運動 ························ 60
  1 力が働かない物体の運動 ··· 64
  2 運動の向きに力が働く物体の運動 ·· 66
  3 運動と逆向きに力が働く物体の運動 ·· 68

●指導事例❼　3年　地球の運動と天体の動き ···················· 70
  1 地球の自転と天体の動き ··· 76
  2 地球の公転と見える星座の移り変わり・季節の変化 ················ 80
  3 惑星の見え方 ·· 82

●指導事例❽　3年　エネルギーと仕事 ································ 84
  1 仕事と力学的エネルギー①【発展】 ·· 88
  2A 仕事と力学的エネルギー②【基本】 ······································ 90
  2B 仕事と力学的エネルギー③【発展】 ······································ 92
  3 仕事の原理と仕事率 ·· 94
  4 エネルギーの保存と変換効率 ·· 96

付録：ワークシート ·· 98
おわりに ·· 127
著者紹介 ·· 128

本書の使い方

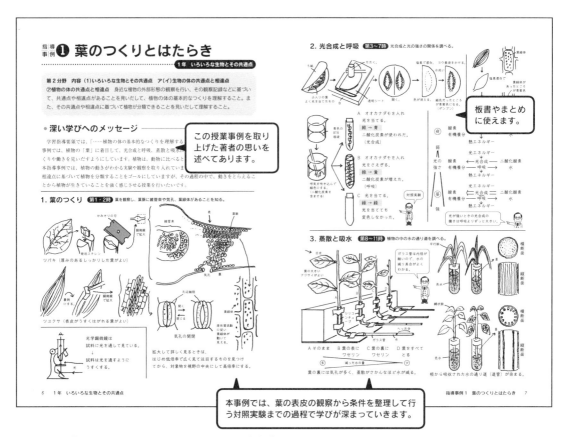

理科授業の「こうしたい！」に対応!!

●「明日の授業にすぐ使いたい」

必ず授業者自身で予備実験をしてください。授業展開は、①実験や観察の目的を伝え、ワークシートに記入、②方法を説明し、ワークシートにポイントを記入させて確認、③観察や実験、④結果の確認、⑤考察の記入です。付録ワークシートを印刷して配付しましょう。

●「指導法を工夫したい」

展開例の中に「対話」や「深い学び」と示されている場面では、班で予想させ、小型のホワイトボードを用意して記入させたり、ICT機器を活用して発表させたりすることも考えられます。ワークシートの考察の場面でも、より生徒が深く学べる授業を工夫してください。

●「指導事例の流れをイメージしたい」

各指導事例の1・2ページ目では、各種の観察や実験を行うことで、学びが深まっていくことを図示しました。これらの図は、観察や実験の説明図としても使えます。

●「指導案を作成したい」

各指導事例の1・2ページ目には学習指導要領の抜粋、単元観として「深い学びへのメッセージ」を、3ページ目には指導計画、指導の工夫として「深い学びへの留意点」を示しました。4ページ目の「育成したい資質・能力」は評価計画にもつながります。そして、5ページ目以降が「授業展開例」です。これらを参考にして、研究授業の目的に応じた指導案を作成してください。

各指導事例は、「深い学びへのメッセージ」「指導計画」「授業展開例」「ワークシート」から構成されています。以下の「理科授業の『こうしたい！』に対応!!」を参照し、指導法の工夫や授業研究に活用してください。

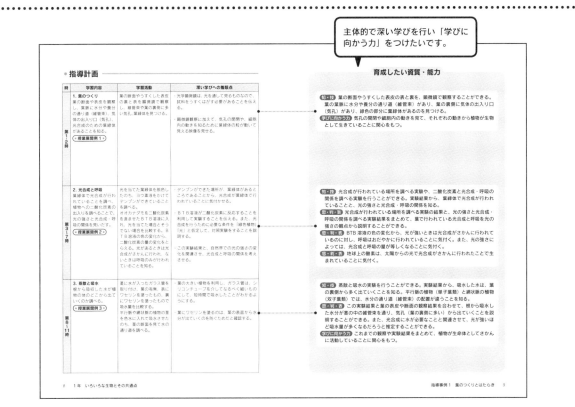

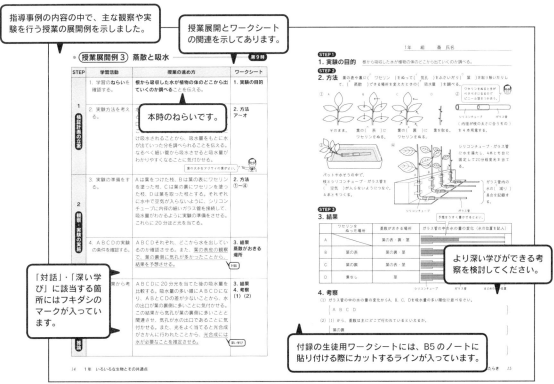

指導事例 ① 葉のつくりとはたらき

1年　いろいろな生物とその共通点

> 第2分野　内容（1）いろいろな生物とその共通点　ア（イ）生物の体の共通点と相違点
> ㋐植物の体の共通点と相違点　身近な植物の外部形態の観察を行い、その観察記録などに基づいて、共通点や相違点があることを見いだして、植物の体の基本的なつくりを理解すること。また、その共通点や相違点に基づいて植物が分類できることを見いだして理解すること。

● 深い学びへのメッセージ

学習指導要領では、「……植物の体の基本的なつくりを理解すること」と示されています。本指導事例では、植物の「葉」に着目して、光合成と呼吸、蒸散と吸水に関する実験や観察を行い、そのつくりや働きを見いだすようにしています。植物は、動物に比べると動きがわかりにくい生物ですが、本指導事例では、植物の動きがわかる実験や観察を取り入れています。学習指導要領では、共通点や相違点に基づいて植物を分類することをゴールにしていますが、その過程の中で、動きをとらえることから植物が生きていることを強く感じさせる授業を行いたいです。

1. 葉のつくり　第1・2時　葉を観察し、葉脈に維管束や気孔、葉緑体があることを知る。

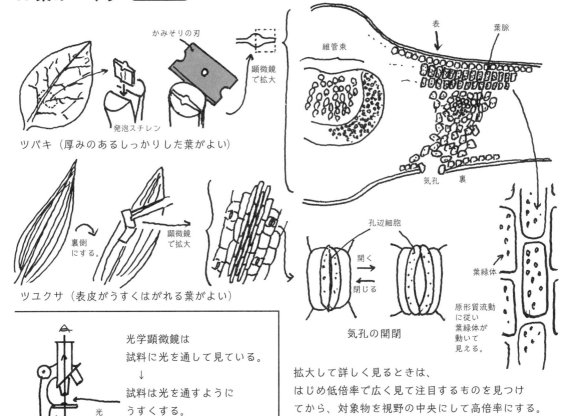

2. 光合成と呼吸 第3〜7時 光合成と光の強さの関係を調べる。

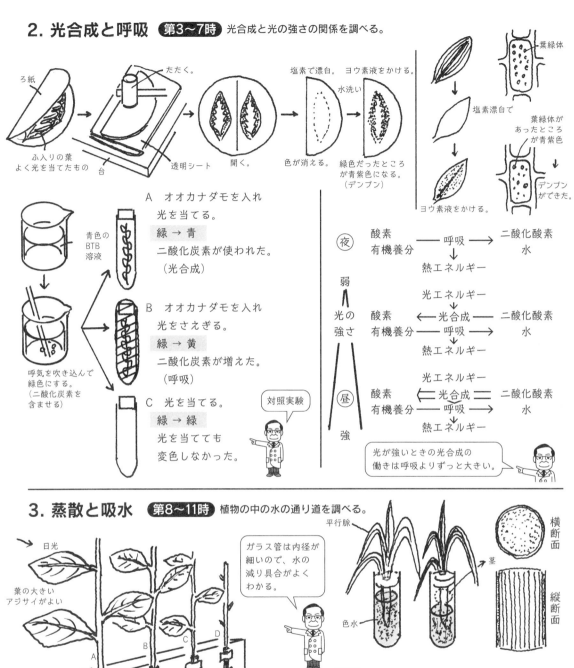

3. 蒸散と吸水 第8〜11時 植物の中の水の通り道を調べる。

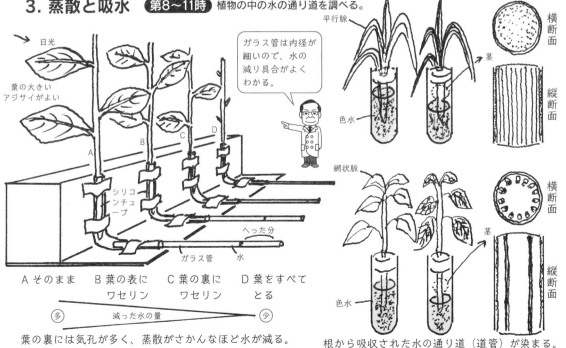

葉の裏には気孔が多く、蒸散がさかんなほど水が減る。

根から吸収された水の通り道（道管）が染まる。

指導計画

時	学習内容	学習活動	深い学びへの着眼点
第1・2時	1. 葉のつくり 葉の断面や表皮を観察し、葉脈に水分や養分の通り道（維管束）、気体の出入り口（気孔）、光合成のための葉緑体があることを知る。 ● 授業展開例1	葉の断面やうすくした表皮の裏と表を顕微鏡で観察し、維管束や葉の裏側に多い気孔、葉緑体を見つける。	・光学顕微鏡は、光を通して見るものなので、試料をうすくはがす必要があることを伝える。 ・顕微鏡観察に加えて、気孔の開閉や、細胞内の動きを知るために葉緑体の粒が動いて見える映像を見せる。
第3〜7時	2. 光合成と呼吸 葉緑体で光合成が行われていることを調べ、植物への二酸化炭素の出入りを調べることで、光の強さと光合成・呼吸の関係を見いだす。 ● 授業展開例2	光を当てた葉緑体を脱色したのち、ヨウ素液をかけてデンプンができていることを調べる。 オオカナダモを二酸化炭素を含ませたＢＴＢ溶液に入れ、光を当てた場合とそうでない場合を比較する。ＢＴＢ溶液の色の変化から、二酸化炭素の量の変化をとらえる。光があるときは光合成がさかんに行われ、ないときは呼吸のみが行われていることを知る。	・デンプンができた場所が、葉緑体があるところであることから、光合成が葉緑体で行われていることに気付かせる。 ・ＢＴＢ溶液が二酸化炭素に反応することを利用して実験することを伝える。また、光合成を行うために必要な条件を「緑色植物」「光」と仮定して、対照実験をすることを説明する。 ・この実験結果と、自然界での光の強さの変化を関連させ、光合成と呼吸の関係を考えさせる。
第8〜11時	3. 蒸散と吸水 根から吸収した水が植物の体のどこから出ていくのか調べる。 ● 授業展開例3	茎に水が入ったガラス管を取り付け、葉の有無、表にワセリンを塗ったもの、裏にワセリンを塗ったもので吸水量を比較する。 平行脈や網状脈の植物の茎を色水に入れて吸水させたのち、茎の断面を見て水の通り道を調べる。	・葉の大きい植物を利用し、ガラス管は、シリコンチューブを介してなるべく細いものにして、短時間で吸水したことがわかるようにする。 ・葉にワセリンを塗るのは、葉の表面から水分が出ていくのを防ぐためだと確認する。

育成したい資質・能力

- **知・技** 葉の断面やうすくした表皮の表と裏を、顕微鏡で観察することができる。葉の葉脈に水分や養分の通り道（維管束）があり、葉の裏側に気体の出入り口（気孔）があり、緑色の部分に葉緑体があるのを見つける。
- **学びに向かう力** 気孔の開閉や細胞内の動きを見て、それぞれの動きから植物が生物として生きていることに関心をもつ。

- **知・技** 光合成が行われている場所を調べる実験や、二酸化炭素と光合成・呼吸の関係を調べる実験を行うことができる。実験結果から、葉緑体で光合成が行われていることと、光の強さと光合成・呼吸の関係を知る。
- **思・判・表** 光合成が行われている場所を調べる実験の結果と、光の強さと光合成・呼吸の関係を調べる実験結果をまとめて、葉で行われている光合成と呼吸を光の強さの観点から説明することができる。
- **思・判・表** BTB溶液の色の変化から、光が強いときは光合成がさかんに行われているのに対し、呼吸はおだやかに行われていることに気付く。また、光の強さによっては、光合成と呼吸の量が等しくなることに気付く。
- **思・判・表** 地球上の酸素は、太陽からの光で光合成がさかんに行われたことで生まれていることに気付く。

- **知・技** 蒸散と吸水の実験を行うことができる。実験結果から、吸水した水は、葉の裏側から多く出ていくことを知る。平行脈の植物（単子葉類）と網状脈の植物（双子葉類）では、水分の通り道（維管束）の配置が違うことを知る。
- **思・判・表** この実験結果と葉の表皮や断面の観察結果を合わせて、根から吸水した水分が茎の中の維管束を通り、気孔（葉の裏側に多い）から出ていくことを説明することができる。また、光合成に水が必要なことと関連させて、光が強いほど吸水量が多くなるだろうと推定することができる。
- **学びに向かう力** これまでの観察や実験結果をまとめて、植物が生命体としてさかんに活動していることに関心をもつ。

指導事例1　葉のつくりとはたらき

● 授業展開例1　葉のつくり　　　　　　　　　　　　　　　　　　　第2時

STEP	学習活動	授業の進め方	ワークシート
1 検証計画の立案	1. 学習の**ねらい**を確認する。	葉の色がなぜ緑色に見えるのか、葉にはどんな仕組みがあるのかを予想させる。このことを知るために、**葉の表皮に何があるか調べる**ことを伝える。	1. 観察の目的
	2. 実験方法を考える。	拡大して調べるために顕微鏡を使う。顕微鏡は、光を通して見るので、光が通るぐらい観察対象をうすくする必要がある。そこで、葉の表皮をうすくはがす必要性と表皮がはがれやすいツユクサを使う理由に気付かせる。顕微鏡の使い方を確認する。	2. 方法 ア～エ
2 観察・実験の実施	3. 葉の表皮をはがしてプレパラートをつくる。	カッターでツユクサに5mm角ぐらいの切れ目を入れ、ピンセットではがす。スライドガラスの上にのせ、水を一滴たらして広げたら、カバーガラスをかける。これを葉の表と裏でそれぞれつくる。 安全のため、カッターやピンセットを使うときは、ツユクサが動かないように押さえる。	2. 方法 ①～③
	4. 葉を顕微鏡で観察する。	はじめ顕微鏡の対物レンズは、低倍率のものを選び、広く見るようにする。注目したい部分を見つけたら、その部分を視野の中央にする。その後に対物レンズを高倍率に換えて、詳しく見る。	2. 方法 ④
	5. 葉の細胞のスケッチをする。	表側と裏側をスケッチする。スケッチは、注目したものとそのまわりをかくようにする。	3. 結果
3 結果の処理　考察・推論	6. 葉の表と裏の違いを見つける。	葉の表皮には、表も裏も、小さな部屋がたくさん並び、中に緑の粒(葉緑体)がたくさんある。部屋と部屋の仕切りには厚みがある。裏には、口のような形をしたもの(気孔)がたくさんある。気孔が視認できたかを確認する。緑の粒がたくさんあることで、葉が緑色に見えることに気付かせる。気孔がどんな働きをしているのか考えさせる。気孔が開閉している動画があれば見せたい。	4. 考察 (1)(2) 深い学び

1年　　組　　番　氏名 _____

STEP 1
1. 観察の目的　葉の表皮に何があるか調べる。

STEP 2
2. 方法
葉の表皮が(ア うすく)はがれる(イ ツユクサ)の葉を使い、葉の(ウ 表)と(エ 裏)を顕微鏡で観察する。

> 顕微鏡は光を通して見るのでうすいものを見るのに適している。

①

葉の表と裏に(オ 5)mm角ぐらいの切れ目をカッターナイフでつける。

②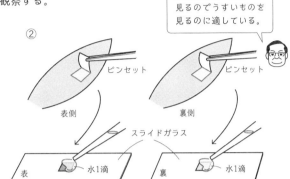

表・裏とも切り取った表皮をスライドガラスの上にのせ、水を(カ 一滴)たらす。

③

(キ 気泡)が入らないように、カバーガラスは(ク 端)からゆっくりかぶせる。

④ 表・裏とも顕微鏡で見る。
はじめは対物レンズを(ケ 低)倍率にして(コ 広い範囲)を見て、注目するものを中央にしてから(サ 高)倍率で見る。

STEP 3
3. 結果　注目した1つの部屋とそのまわりをくわしくスケッチする。

表側　接眼レンズ　対物レンズ
(　　)×(　　)＝(　　)倍
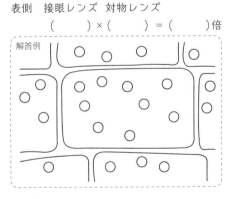

裏側　接眼レンズ　対物レンズ
(　　)×(　　)＝(　　)倍
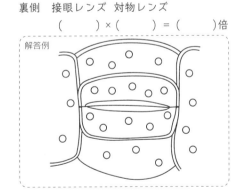

4. 考察
(1) ツユクサの葉が緑色に見えるのはなぜか。今回の観察で見えたもので説明する。

(緑色の粒がたくさんあるから。)

(2) 小さな部屋以外に、どんな形のものがあるか。また、それは葉の表と裏のどちら側に多いか。

(口のような形で、葉の裏側に多い。)

授業展開例② 光合成と呼吸　　　　　　　　　　　　　第6時

STEP	学習活動	授業の進め方	ワークシート
1 検証計画の立案	1. 学習の**ねらい**を確認する。	小学校で学習した、光に当たると植物が二酸化炭素を取り入れることや、生きるために生物が呼吸すると二酸化炭素を排出することを確認する。そして、**二酸化炭素の出入りから、緑色植物の光合成と呼吸の働きを調べる**ことを伝える。	1. 実験の目的
	2. 測定方法を考える。	水に二酸化炭素が溶けると酸性になることや、ＢＴＢ溶液は酸性→黄色、中性→緑色、アルカリ性→青色に変化することを伝える。これを利用して、<u>植物の体への二酸化炭素の出入りが調べられないか</u>と考えさせる。〔対話〕	2. 方法 ア～オ
2 観察・実験の実施	3. 実験の準備をする。	青色にしたＢＴＢ溶液にストローで呼気を入れて二酸化炭素を含ませ、緑色にする。これをＡＢＣ3本の試験管に分け、ＡとＢにオオカナダモを入れ、Ｂはアルミニウム箔で包む。Ｃには何も入れない。この3本に15分ほど光を当ててＢＴＢ溶液の色の変化を比較することを伝え、準備させる。	2. 方法 ①～④
	4. ＡＢＣ3本の試験管で比較する意義を考える。	ＡＢＣ3本の試験管の条件を比較し、Ａの試験管の条件より、一つずつ条件を減らしているのがＢやＣの試験管であることに気付かせる。	3. 結果
	5. 実験結果を予想する。	Ａは光合成をして二酸化炭素が使われるので、青に近付く。Ｂは、光合成できず呼吸のみが行われるので二酸化炭素が増えて黄色に近付く。ＣはＢＴＢ溶液が光により変化しなければ色は変化しない……<u>というように根拠に基づいて予想させる</u>。〔対話〕	3. 結果
3 結果の処理　考察・推論	6. 実験結果から考察する。	15分光を当てた後のＡＢＣの色を比較する。予想と実際を比較して考察させる。特にＡの試験管とＢの試験管の色の変化の具合を比較して、Ａの方が変化していることから、<u>呼吸より光合成の方がさかんに行われていることに気付かせたい</u>。〔深い学び〕	4. 考察 (1)～(5)

12　1年　いろいろな生物とその共通点

1年　　組　　番　氏名 _____

STEP 1
1. 実験の目的
植物の二酸化炭素の出入りを調べる。

STEP 2
2. 方法
(ア BTB)溶液がアルカリ性だと(イ 青)、中性だと(ウ 緑)、酸性だと(エ 黄)になることと、二酸化炭素が水に溶けると(オ 酸)性になることを利用する。

① 青色のBTB溶液　(カ アルカリ)性
② (キ 二酸化炭素)をふくませて(ク 緑)色にする。(ケ 中)性
　呼気を入れすぎると黄色になります。
③ 3本に分ける。　A　B　C　オオカナダモ　アルミニウムはくでつつむ。

④ ＡＢＣに15分程度の光を当てて、BTB溶液の変化を見る。

STEP 3
3. 結果

Cの色に比べて緑から何色に近づいたかで判断する。

	オオカナダモ	光	BTB溶液の変化	BTB溶液の変化からわかる二酸化炭素の増減
A	○	○	緑 → 青	二酸化炭素が減った。 (オオカナダモが二酸化炭素を取り入れた。)
B	○	×	緑 → 黄 (緑)	二酸化炭素が増えた。 (オオカナダモが二酸化炭素を出した。)
C	×	○	緑 → 緑	変化なし。

呼吸はおだやかな働きなので、15分程度では黄色に近付いたことがわからない班もあるかもしれない。

4. 考察
(1) Aの色の変化とBの色の変化はどちらがよく変化していたか。
　(A)

(2) Bのオオカナダモは、光合成と呼吸のどちらを行っていたか。
　(呼吸)

(3) (1)のことから、光合成と呼吸のどちらの方をさかんに行っていたか。
　(光合成)

(4) Cの実験は何のために行っているか。
　(BTB溶液は光を当てただけでは色が変化しないことを確かめるため。)

(5) この実験結果から、緑色植物によって二酸化炭素を減らすためには何が必要か。
　(光)

授業展開例③ 蒸散と吸水　　　　第9時

STEP	学習活動	授業の進め方	ワークシート
1 検証計画の立案	1. 学習のねらいを確認する。	**根から吸収した水が植物の体のどこから出ていくのか調べる**ことを伝える。	1. 実験の目的
	2. 実験方法を考える。	水の出口として、葉の表、裏、茎を想定し、どれが出口か調べる方法を考えさせる。出口をふさぐものとして、ワセリンが使えることを伝える。また、水が出ていった分だけ吸水されることから、吸水量をもとに水が出ていった分を調べられることを伝える。なるべく細い管から吸水させると吸水量がわかりやすくなることに気付かせる。〔葉の大きなアジサイの葉がよい。〕	2. 方法 ア〜オ
2 観察・実験の実施	3. 実験の準備をする。	Aは葉をつけた枝、Bは葉の表にワセリンを塗った枝、Cは葉の裏にワセリンを塗った枝、Dは葉を取った枝とする。それぞれに水中で空気が入らないように、シリコンチューブに内径の細いガラス管を接続して、吸水量がわかるように実験の準備をさせる。これらに20分ほど光を当てる。	2. 方法 ①〜④
	4. ABCDの実験の条件を確認する。	ABCDそれぞれ、どこから水を出しているのか確認させる。また、葉の表皮の観察で、葉の裏側に気孔が多かったことから、結果を予想させる。〔対話〕	3. 結果 蒸散がおきる場所
3 結果の処理 考察・推論	5. 実験結果から考察する。	ABCDに20分光を当てた後の吸水量を比較する。吸水量の多い順にABCDになり、ABとCDの差が少ないことから、水の出口が葉の裏側に多いことに気付かせる。この結果から気孔が葉の裏側に多いことと関連させ、気孔が水の出口であることに気付かせる。また、光をよく当てると光合成がさかんに行われたことから、光合成には水が必要なことを推定させる。〔深い学び〕	3. 結果 4. 考察 (1)(2)

1年　　組　　番　氏名

STEP 1
1. 実験の目的
根から吸収した水が植物の体のどこから出ていくのか調べる。

STEP 2
2. 方法
葉の表や裏に(ア　ワセリン　)をぬって(イ　気孔　)をふさいだり(ウ　葉　)を取り除いたりして、(エ　蒸散　)できる場所を変えたときの(オ　吸水量　)を調べる。

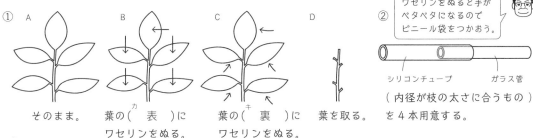

① A そのまま。　B 葉の(カ　表　)にワセリンをぬる。　C 葉の(キ　裏　)にワセリンをぬる。　D 葉を取る。

② （内径が枝の太さに合うもの）を4本用意する。
※ワセリンをぬると手がペタペタになるのでビニール袋をつかおう。

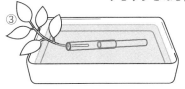

③ バットや水そうの中で、枝とシリコンチューブ・ガラス管を(ク　空気　)が入らないようにつなぐ。4本ともつくる。

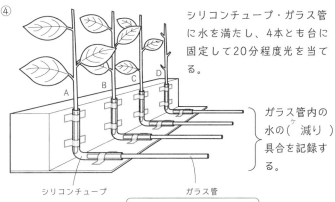

④ シリコンチューブ・ガラス管に水を満たし、4本とも台に固定して20分程度光を当てる。

ガラス管内の水の(ケ　減り　)具合を記録する。

STEP 3
3. 結果

	ワセリンをぬった場所	蒸散がおきる場所	ガラス管の中の水の量の変化（水の位置を記入）
A		葉の表・裏・茎	
B	葉の表	葉の裏・茎	
C	葉の裏	葉の表・茎	
D	葉なし	茎	

予想をうすく書かせるとよい。

4. 考察
(1) ガラス管の中の水の量の変化からA、B、C、Dを吸水量の多い順位に並べなさい。

（ A　B　C　D ）

(2) (1)から、蒸散は主にどこで行われているといえるか。

（ 葉の裏 ）

(3) シリコンチューブにガラス管をつなぐと水の量の変化がわかりやすくなるのはなぜか。

（ ガラス管はシリコンチューブより内径が小さいから。 ）

指導事例 ❷ 光

1年 身近な物理現象

第1分野　内容（1）身近な物理現象　ア（ア）光と音
㋐光の反射・屈折　光の反射や屈折の実験を行い、光が水やガラスなどの物質の境界面で反射、屈折するときの規則性を見いだして理解すること。
㋑凸レンズの働き　凸レンズの働きについての実験を行い、物体の位置と像のでき方との関係を見いだして理解すること。

● 深い学びへのメッセージ

　光の実験には、基準線や、固定するもの・動かすものを決めること、計測や作図といった中学の実験らしい作業が含まれます。また、光の進み方の法則性を導き、それを活用して、あらかじめ進み方を予想することができます。これは、「実験結果から法則性を見いだし、法則を活用して予想したことが確かめられる」という、科学的な探究のプロセスを味わうことにつながります。

1. ものの見え方　第1時
直接光源を見ている場合と、反射した光を見ている場合に分類する。

2. 反射　第2・3時
鏡に映るものと見る位置との関係を見いだす。

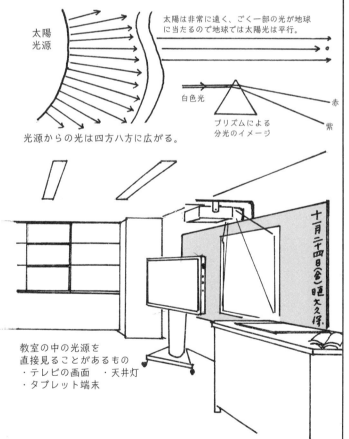
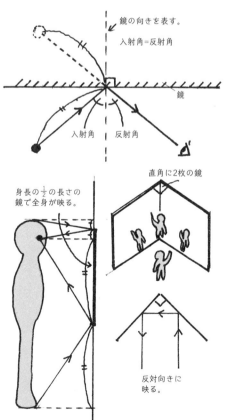

3. 透明な物体を通る光 第4・5時
光が透明な物体に出入りするときの法則性を導く。

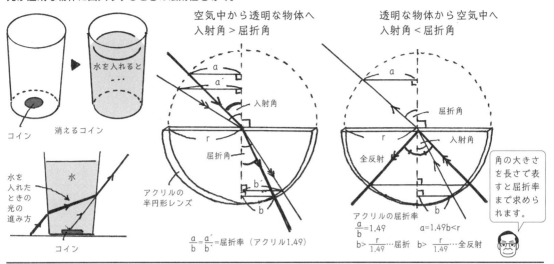

4. 凸レンズを通る光 第6・7時 凸レンズを通る光のきまりを見いだし、像のでき方の法則性を導く。

① 凸レンズの軸に平行な光は、焦点を通る。
② 凸レンズの中心を通る光は、そのまま直進する。
③ 焦点を通る光は、凸レンズの軸に平行に進む。

①と③は反対の関係です。

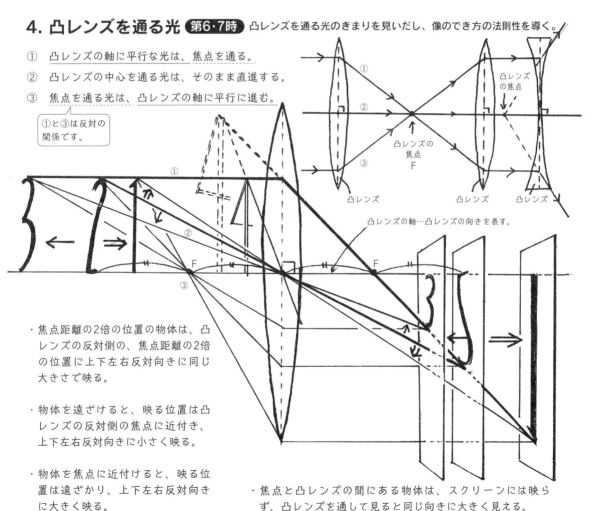

・焦点距離の2倍の位置の物体は、凸レンズの反対側の、焦点距離の2倍の位置に上下左右反対向きに同じ大きさで映る。

・物体を遠ざけると、映る位置は凸レンズの反対側の焦点に近付き、上下左右反対向きに小さく映る。

・物体を焦点に近付けると、映る位置は遠ざかり、上下左右反対向きに大きく映る。

・焦点と凸レンズの間にある物体は、スクリーンには映らず、凸レンズを通して見ると同じ向きに大きく見える。

指導事例2 光

● 指導計画

時	学習内容	学習活動	深い学びへの着眼点
第1時	**1. ものの見え方** ものの見え方を、直接光源を見ている場合と、反射している光を見ている場合に分類する。	光の直進性を知り、ものの見え方を、直接光源を見ているものと、反射している光を見ている場合に分類する。	・光は光源から四方八方に広がるが、太陽のように光源が巨大であったり遠い場合は平行な光になることに気付かせる。自ら光を出していないものがなぜ見えるのか考えさせる。【対話】
第2・3時	**2. 反射** 鏡に映るものと見る位置との関係を見いだす。 ● 授業展開例1 ●	鏡に反射する光の進み方を記録し、反射の法則を導く。	・鏡の向きをわずかに変化させると、映るものや、光が当たる場所が変化することに気付く。 ・様々な角度から鏡に光を当てて反射させた光の進み方の記録から、共通点を見いだし、入射角と反射角は等しいことを導く。 ・反射の法則を活用し、鏡を2枚使って、光が目標の場所に当たるような作図をし、作図の通りか実験して確認する。
第4・5時	**3. 透明な物体を通る光** 光が透明な物体に出入りするときの法則性を導く。 ● 授業展開例2 ●	透明な物体（半円形レンズ）を通る光の進み方を記録し、屈折の法則を導く。	・透明な物体に光が出入りすると物の見え方が変化する。水を入れると容器の下の物が消えたり、浮き上がって見えたりする。 ・入射角と屈折角を長さで測定することにより、屈折や全反射するときの法則性を見いだす。 ・屈折や全反射の法則性を活用して、半円形レンズに出入りする光を作図して、作図の通りになるか実験して確認する。
第6・7時	**4. 凸レンズを通る光** 凸レンズを通る光のきまりを見いだし、像のでき方の法則性を導く。 ● 授業展開例3・4 ●	物体・凸レンズ・像の位置関係、像の大きさ・向きの関係を実験結果から見いだす。 作図により、凸レンズを通る光のきまりを見いだす。 きまりを使って作図をして、実験結果と一致することを確認する。	・太陽の光が一点に集まったり、遠くの景色が映ったりするときの凸レンズと集まる点や像との距離は焦点距離である。 ・平行な光が焦点に集まることを作図することで、凸レンズを通る光のきまりに気付く。 ・物体と同じ大きさの像が映る位置を探し、その位置や見え方を基準にして、物体の位置を変えて見え方の規則性に気付く。 ・凸レンズを通る光のきまりを使って作図をして、物体の位置と像の位置、像の映り方や大きさの法則性を導き、虚像になる条件に気付く。 ・焦点距離に太陽の光が一点に集まったり、遠くの景色が映ったりすることや虫めがねで拡大して見えることを、実験結果と関連付けて説明する。 ・作図と実験結果が一致することを確認する。このようにして見いだした光の進み方が光学機器の基礎になっていることを知る。

育成したい資質・能力

- 知・技 見えるものを、自ら光を出しているものと、光を反射しているものに分類することができる。
- 知・技 光は光源から四方八方に直進して広がるが、太陽からの光は平行であることを知る。
- 思・判・表 光の直進性から、光源からの光がどのようにして目に届いているか説明することができる。

- 知・技 光の反射について正しい手順で実験を行い、光の進み方を記録することができる。
- 知・技 打点が等間隔のとき、一定の速さで移動していることを知る。このような運動を等速直線運動と呼ぶことを知る。
- 思・判・表 反射の実験結果から、反射の法則を見いだす。法則性を使って、鏡を反射した光の進み方を予測し、見え方を説明することができる。

- 知・技 屈折について正しい手順で実験を行い、光の進み方を記録することができる。
- 発展 測定結果から屈折率を求めることができる。
- 知・技 透明な物体に出入りする光の方向により、空気側から入射した場合は、入射角の方が大きくなり、透明な物体側から入射した場合は、屈折角の方が大きくなることを知る。透明な物体側からの入射角が大きくなると全反射することを知る。
- 思・判・表 実験結果から透明な物体に光が出入りするときも法則性を導くことができる。
- 発展 屈折率を使って、光の進み方を作図して予想することができる。

- 知・技 凸レンズによってできる像を調べる実験を正しい手順で行い、光の進み方を記録することができる。また、凸レンズを通る光のきまりを使って作図することができる。
- 知・技 凸レンズを通る光のきまりを知り、虚像ができる場合を指摘することができる。
- 思・判・表 実験結果から凸レンズを通る光の進み方のきまりを導き、作図から実験結果を説明することができる。また、太陽光線が焦点に集まることや遠くの像が焦点付近にできることを説明することができる。
- 学びに向かう力 凸レンズを通る光の進み方を、顕微鏡や望遠鏡などの光学機器の仕組みと関連付けてとらえようとする。

指導事例2 光

授業展開例1　反射　　　　　　　　　　　　第2時

STEP	学習活動	授業の進め方	ワークシート
1 検証計画の立案	1. 学習のねらいを確認する。	**光が反射するときの進み方のきまりを調べる**ことを伝える。	1. 実験の目的
	2. 測定方法を考える。	鏡を傾けると、わずかな角度の変化によって映るものが変化することに気付かせる。このことから、鏡の向きを決めて、いろいろな角度で反射した光がどのように進むか調べることを伝える。	
2 観察・実験の実施	3. 実験の準備をする。	鏡を置く位置に線を引いた記録用紙の上に鏡を置き、光源からの光を的に当てるようにする。	2. 方法 (1)(2)
	4. 光源からの光を的に当てる実験をする。	光源から光が出る点、反射した点、的の位置の点を記録用紙に記入し、線で結ぶ。これを的の位置を変えて班員それぞれが行う。（4人班であれば、4枚の記録用紙ができる）	2. 方法 (2)
	5. 入射した光と反射した光の進み方を比べる。	記録用紙を透かして線が重なるように折る。折った後、記録用紙を開く。<u>的の位置を変えた記録用紙を比べて、どれも、折り線をはさんで入射した光の線と反射した光の線の角度が等しいことに気付かせる。</u>〔対話〕	2. 方法 (3)
3 結果の処理 考察・推論	6. 反射の法則性を導く。	記録用紙から、折り線と入射した光の線の角（入射角）、折り線と反射した光の線の角（反射角）が等しいことを確認し、折り線は鏡の向きを表していることに気付かせる。	3. 結果 4. 考察 (1)
	7. 反射の法則を利用する。	入射角と反射角が等しいことを利用して、鏡2枚を使ったときの光の進み方を作図し、<u>その通りに進むことを実験して確かめる。</u>〔深い学び〕	4. 考察 (2)

1年　　組　　番　氏名

STEP 1
1. 実験の目的
光が反射するときのきまりを調べる。

STEP 2
2. 方法

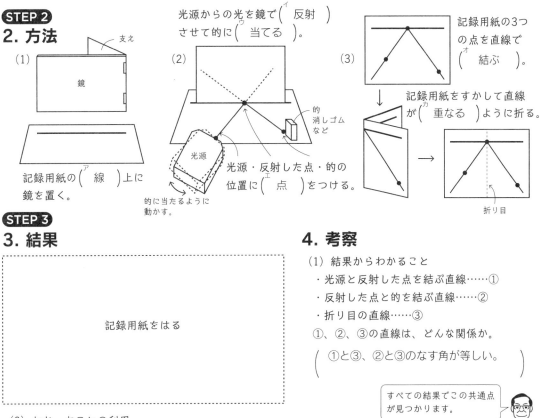

(1) 記録用紙の（ア 線 ）上に鏡を置く。

(2) 光源からの光を鏡で（イ 反射 ）させて的に（ウ 当てる ）。
光源・反射した点・的の位置に（エ 点 ）をつける。

(3) 記録用紙の3つの点を直線で（オ 結ぶ ）。
記録用紙をすかして直線が（カ 重なる ）ように折る。

STEP 3
3. 結果

記録用紙をはる

4. 考察
(1) 結果からわかること
　・光源と反射した点を結ぶ直線……①
　・反射した点と的を結ぶ直線……②
　・折り目の直線……③
　①、②、③の直線は、どんな関係か。
　（ ①と③、②と③のなす角が等しい。 ）

　すべての結果でこの共通点が見つかります。

(2) わかったことの利用
　光源から矢印の向きに光が進むとき、的に光を当てるのに鏡2枚をどのように置くとよいか。鏡の位置と光の進む道すじを作図して、作図の通りに光が進むか実験する。

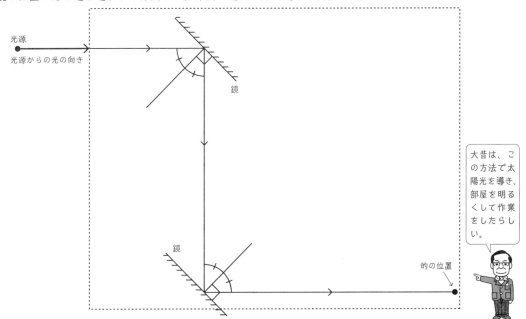

大昔は、この方法で太陽光を導き、部屋を明るくして作業をしたらしい。

授業展開例2　透明な物体を通る光【発展】　　第4時

※半円形レンズの中心からの垂線の長さで表すことで光の入射角・屈折角を求める、発展的な内容。

STEP	学習活動	授業の進め方	ワークシート
1 検証計画の立案	1. 学習の**ねらい**を確認する。	**透明な物体に出入りする光の進み方を調べることを伝える。**	1. 実験の目的
	2. 光が透明な物体に出入りするときに曲がる例を考える。	透明な物体（水、ガラス等）を通してものを見たときの見え方を話し合う。水を入れると、底に置いたコインが見えなくなったり、浮かび上がって見えたりする体験を通して、透明な物体に出入りすると光が曲がることに気付かせる。	2. 方法 〔対話〕
	3. 測定方法を伝える。	入射する角度を入射角、光が曲がる角度を屈折角と呼び、角度の測定は、半円形レンズの中心からの垂線からの長さで表すことを伝える。	2. 方法
2 観察・実験の実施	4. 実験の準備をする。	記録用紙（ワークシート）の上に半円形レンズをのせ、レンズの中心に向かって入射するようにする。	2. 方法
	5. 光を入射して進み方を記録する。	記録用紙に、①〜③の向きから入射したとき、④〜⑥の向きから入射したときのそれぞれの光の進み方を記入する。	3. 結果
	6. 角度を長さによって表す。	ワークシートに b_1〜b_3、a_4〜a_6 の長さを測定して記入する。	3. 結果
3 結果の処理 考察・推論	7. 屈折の法則性を導く。	ワークシートの計算を行い、$a \div b$ が一定（屈折率）になること、屈折率×b が半径より大きくなると全反射することに気付かせる。	4. 考察
	8. 屈折の法則性を利用する。	記録用紙（ワークシート）に屈折率から半円形レンズに出入りする光の進み方を計算して作図し、その通りになるか実験して確かめる。	4. 考察 〔深い学び〕

1年　　組　　番　氏名　　　　　　　　　

STEP 1
1. 実験の目的
透明な物体に光が出入りするときの進み方を調べる。

STEP 2
2. 方法
半円形レンズ（透明な物体）と同じ半径の円に光の進み方を記録する。

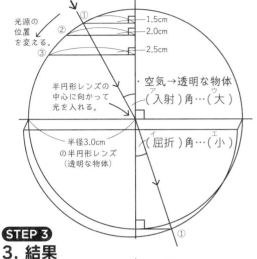
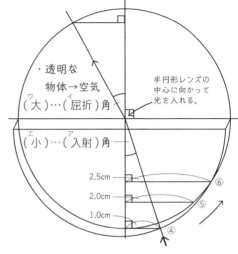

・空気→透明な物体
（ア 入射）角…（ウ 大）
（イ 屈折）角…（エ 小）

・透明な物体→空気
（ウ 大）…（屈折）角
（エ 小）…（ア 入射）角

STEP 3
3. 結果

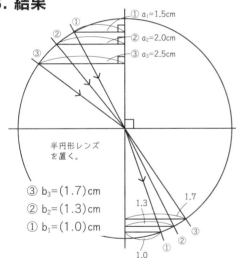

① a_1=1.5cm
② a_2=2.0cm
③ a_3=2.5cm

③ b_3=(1.7)cm
② b_2=(1.3)cm
① b_1=(1.0)cm

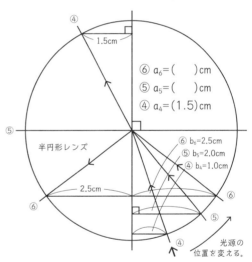

⑥ a_6=(　　)cm
⑤ a_5=(　　)cm
④ a_4=(1.5)cm

⑥ b_6=2.5cm
⑤ b_5=2.0cm
④ b_4=1.0cm

4. 考察
光が屈折する法則性を導く。

・aとbの関係性を考える。

$\dfrac{a_1}{b_1}=$(1.5)　$\dfrac{a_2}{b_2}=$(1.53)　$\dfrac{a_3}{b_3}=$(1.47)

$\dfrac{a_4}{b_4}=$(1.5) → (1.5)…

この透明な物体に光が出入りするときの屈折する割合=屈折率

→ $\dfrac{a}{b}=$(1.5)　a=(1.5)×b
　　空気側　　透明な物体側

(1.5)×b＜3.0cm…半円形レンズの（半径）　b＜$\dfrac{3.0}{(1.5)}$

bがこれ以上大きいと半円形レンズと空気との境目ですべて（反射）する……全（反射）

 むずかしそうですが、計算通りに光が進む体験ができます。

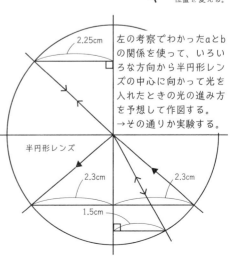

左の考察でわかったaとbの関係を使って、いろいろな方向から半円形レンズの中心に向かって光を入れたときの光の進み方を予想して作図する。
→その通りか実験する。

指導事例2　光　23

● 授業展開例③ 凸レンズを通る光① ── 第6時

STEP	学習活動	授業の進め方	ワークシート
1 検証計画の立案	1. 学習の**ねらい**を確認する。	**凸レンズによってできる像の見え方について調べる**ことを伝える。	1. 実験の目的
	2. 凸レンズの基本的な性質を確認する。	凸レンズは平行な光を1点（焦点）に集めることを確認して、太陽光や外の景色を使って、焦点距離を測定する。このとき、外の景色が上下左右逆に映ることに気付かせる。	2. 方法(1)
	3. 測定方法を伝える。	凸レンズの位置は固定して、凸レンズと物体との距離を変化させ、像がどの位置にどのように映るか調べることを伝える。	2. 方法(2)
2 観察・実験の実施	4. 実験の準備をする。	物体を焦点の外側に置く。はじめに物体と同じ大きさの像が映る物体と像の位置を探し、この位置を基準として、物体を遠ざけたり近付けたりしたときの像の映る位置や向き、大きさを調べることを伝える。凸レンズの位置は変えないように注意する。	2. 方法(2)
	5. 物体の位置による像のでき方を調べる。	像の位置（スクリーンの位置）はピントが合っている位置なのか確認させる。物体が焦点と凸レンズの間に入るとスクリーンに映らなくなり、凸レンズを通して同じ向きに大きく見えることに気付かせる。	2. 方法(2)
	6. 見え方を表にまとめる。	<u>焦点距離の2倍の位置に物体があるとき、反対側の焦点距離の2倍の位置に同じ大きさの像が上下左右逆に映ること</u>や、遠ざけると像が焦点に近付き、近付けると像が遠ざかることなどをまとめさせる。【対話】	3. 結果
3 結果の処理 考察・推論	7. 凸レンズの基本的な性質と像のでき方を関連させて考える。	非常に遠い太陽からの光や遠くの景色が焦点距離の位置に集まったり、像ができたりすることを、物体を遠ざけたときの像のでき方に関連させて説明できるようにする。また、<u>虫めがねのように、凸レンズで物体を拡大して見ているのは、焦点と凸レンズの間に物体があるときと説明できるように</u>する。【深い学び】	4. 考察

24　1年　身近な物理現象

1年　　組　　番　氏名 _____

STEP 1
1. 実験の目的　凸レンズによってできる像の見え方について調べる。

STEP 2
2. 方法

(1) 凸レンズの（ア 焦点距離 ）を測定する。
① 太陽の光が1点に集まる距離
　（　　　）cm
② 遠くの景色がはっきりうつる距離
　（　　　）cm

①②の（イ 焦点距離 ）の値は一致します。

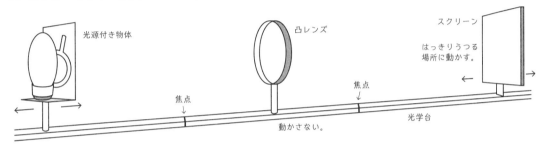

このときの景色がうつる向きは（ウ 上下左右逆 ）。

(2) 光学台に光源付き物体、凸レンズ、スクリーンを取り付け、うつり方と位置関係を調べる。

ア　物体が焦点の外側にあるときの見え方
　① 物体と同じ大きさの像がスクリーンにうつるときの物体とスクリーンの位置と像の向き
　② ①より物体を遠ざけたときのスクリーンの位置と像の大きさと向き
　③ ①より物体を近付けたときのスクリーンの位置と像の大きさと向き
イ　物体が焦点と凸レンズの間にあるときの見え方

STEP 3
3. 結果

この位置を自分たちで見つけられるとうれしいはずです。

		物体の位置	像の大きさ	像の向き	スクリーンの位置
ア	①	焦点距離の2倍	物体と同じ大きさ	上下左右逆	焦点距離の2倍
	②	①よりも遠ざける	物体より（エ 小さい）	上下左右逆	①よりも焦点から（オ 近い）
	③	①よりも近付ける	物体より（カ 大きい）	上下左右逆	①よりも焦点から（キ 遠い）
イ		焦点と凸レンズの間	レンズを通して（ク 大きく）見える	同じ向き	（ケ うつらない）

4. 考察

(1) 方法(1)で、焦点距離の位置に太陽の光が集まったり、遠くの景色がうつったりするのはなぜか。
（　遠くの物体ほど像の位置が焦点に近付くから。
　　また、遠くのものほど小さくうつるので太陽は点になった。　）

(2) 虫めがねは凸レンズである。虫めがねで拡大して見ているのは、ア・イどちらの見え方か。また、そのときの見ているものと焦点距離との位置関係はどうなっているか。
（　イ。見ているものが焦点と凸レンズの間にある。　）

● 授業展開例④ 凸レンズを通る光② ──── 第7時

STEP	学習活動	授業の進め方	ワークシート
1 検証計画の立案	1. 学習のねらいを確認する。	**実験で調べた凸レンズによってできる像を作図して凸レンズを通る光のきまりを見いだし、そのきまりを使って像のでき方をとらえる**ことを伝える。作図の際、直線は定規で引き、平行線は凸レンズの軸に合わせて三角定規を組み合わせることを確認する。定規をしっかり押さえて、動かないようにして線を引くことを意識させる。	1. 作図の目的
	2. 凸レンズを通る光のきまりを導く。	凸レンズの軸に平行な光が焦点に集まる作図をすることで、凸レンズを通る光のきまり①、②、③に気付かせる。特に①と③は光の進み方が反対の関係であることに気付かせる。	2. 作図(1) ア〜ウ
	3. 作図の方法を伝える。	四方八方に広がる物体（光源）からの光のうち①、②、③の光に注目させる。ワークシートの物体の矢印の先端から出た①、②、③の光を作図する。	2. 作図(2)
2 観察・実験の実施	4. 焦点の外側に物体がある場合を作図する。	定規の位置に合わせたら、動かないように押さえながら線を引く。①、②、③の光の線が1点に集まるように作図する。	2. 作図(2) エ〜キ
	5. 焦点と凸レンズの間に物体があるときを作図する。	物体が焦点と凸レンズの間にあることから、③の光が作図できないことに気付かせる。凸レンズを通った光が広がってしまうためスクリーンに映らないことに着目させ、この広がる光を反対方向に延長すると虚像が作図できることを伝える。	2. 作図(2) ク〜サ
3 結果の処理 考察・推論	6. 作図の結果、わかった像のでき方をまとめ、実験結果と一致することを確認する。	作図の結果、わかったことをワークシートに記入してまとめる。実験結果と作図でわかったことが一致することをワークシートを見ながら確認する。<u>このように作図によって光の進み方を考えることが、光学機器を設計するときの基礎になっていることを伝える。</u>	2. 作図(2) シ〜タ／深い学び

1年　身近な物理現象

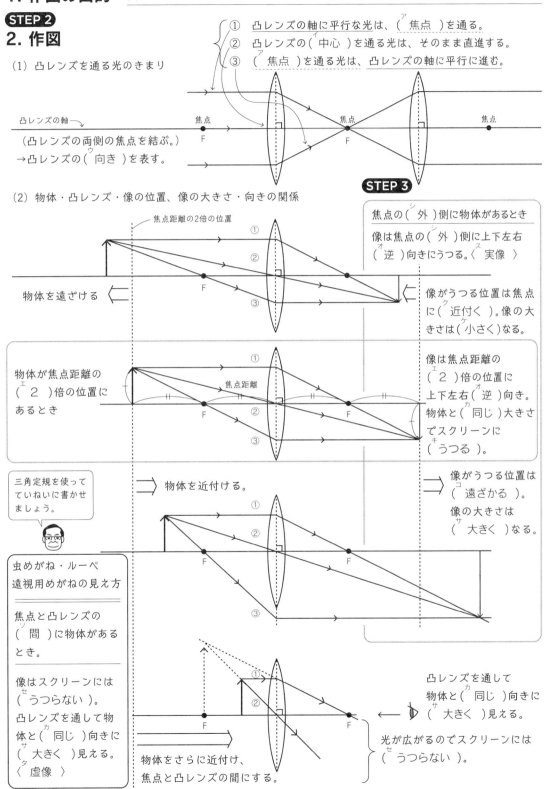

指導事例❸ 電流と磁界

2年　電流とその利用

第1分野　内容（3）電流とその利用　ア（イ）電流と磁界
⑦**電流がつくる磁界**　磁石や電流による磁界の観察を行い、磁界を磁力線で表すことを理解するとともに、コイルの回りに磁界ができることを知ること。
⑦**磁界中の電流が受ける力**　磁石とコイルを用いた実験を行い、磁界中のコイルに電流を流すと力が働くことを見いだして理解すること。
⑦**電磁誘導と発電**　磁石とコイルを用いた実験を行い、コイルや磁石を動かすことにより電流が得られることを見いだして理解するとともに、直流と交流の違いを理解すること。

● 深い学びへのメッセージ

「電流と磁界」の実験は、動きを見てその向きを定性的にとらえ、法則性を見いだします。砂鉄集めを思い出すような「鉄粉」の模様の観察に始まり、「電磁誘導」という交流発電の原理を知り、なぜ電力供給が交流なのかというところまで学びが深まります。日常生活のみならず、将来物理を学ぶ場合にも、この基礎的体験が生きてくるでしょう。

1. 磁石による磁界と電流による磁界　第1〜4時　磁力線から磁界と電流の向きの関係を見いだす。

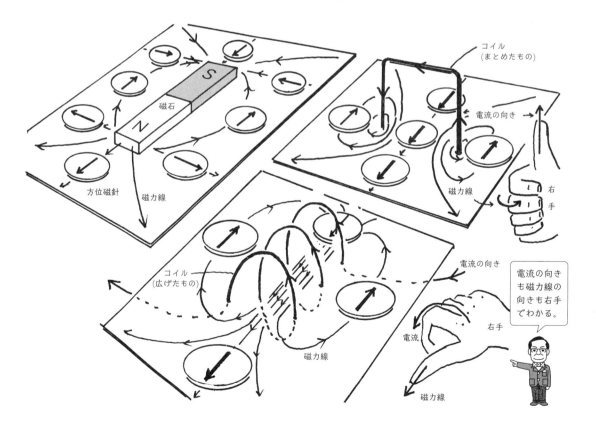

2. 磁界、電流、力の関係 　第5～8時　電流を流したり、力を加えたときの磁界、電流、力の関係を見いだす。

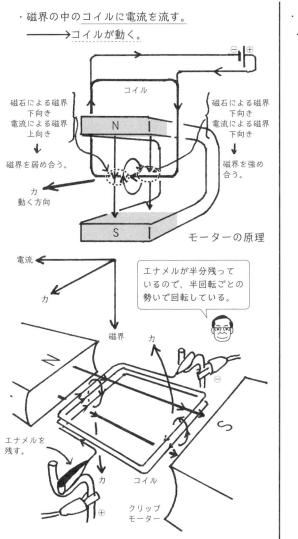

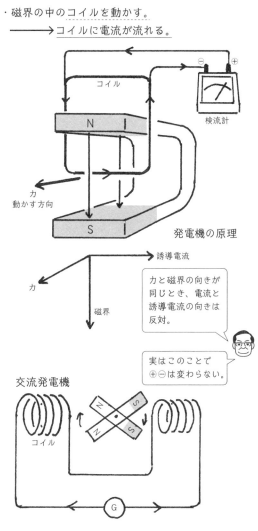

3. 交流とは　第9～12時　交流の特徴を知る。

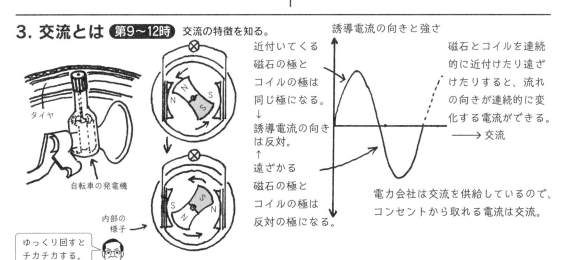

● 指導計画

時	学習内容	学習活動	深い学びへの着眼点
第1〜4時	**1. 磁石による磁界と電流による磁界** 磁石やコイルの磁界の様子を磁力線に表し、磁界と電流の向きとの関係を見いだす。 ● 授業展開例1 ●	棒磁石や電流を流しているコイルのまわりの鉄粉にできる模様や、まわりに置いた小さい方位磁針の向きを記録する。 両者の結果の共通点を見いだし、磁界の様子を磁力線で表す。	・鉄粉の模様と、方位磁針の向きから、棒磁石も電流を流したコイルにも同じように磁界ができることに気付かせる。 ・これらの観察記録により、磁界と電流の向きの法則性を導くことができる。
第5〜8時	**2. 磁界と電流と力の関係** 磁界の中にコイルに電流を流したり、力を加えたりしたときの、磁界、電流、力の関係を見いだす。また、これらの関係を活用してモーターや発電機の仕組みを説明できるようにする。 ● 授業展開例2〜4 ●	U字型磁石の磁界にコイルを入れ、電流を流すとコイルが動くことと、コイルを動かすと電流が生じることを実験する。これらの結果について、短冊形の紙片で磁石による磁界、電流、力の3方向を表すことで法則性を見いだす。 小さいコイルとクリップでのモーターづくりと、実際のモーターが整流子とブラシの働きで回転を続けていることを関連させる。これらについて3方向の法則性を説明する。	・コイルに電流を流すとコイルが動き、コイルを動かすとコイルに電流が生じることを、モーターと発電機の原理としてとらえさせる。また、磁界、電流、力の3方向の法則性では、流した電流と生じた電流では、向きが反対になることにも気付かせる。 ・モーターの仕組みでは、3方向の法則性とあわせて、回転が続く仕組みについて説明できるようにする。 ・手づくりモーターでエナメルを半分残すことが、実際のモーターの整流子とブラシの働きに関連していることを説明できるようにする。
第9〜12時	**3. 交流とは** 磁界の中でコイルを動かすことによってできる電流が交流であることや、その特徴を知る。	磁界の中でコイルを動かすと、向きが交互に変わる電流が生じることを見いだす。このようにして発電してできる電流が交流で一般に供給されていることや、その特徴を知る。	・電磁誘導の実験結果や発電機の仕組み、一般に供給されている電流が交流であることなどを説明できるようにする。 ・また、絶えず向きが変化しているため、交流が切断しやすく、直流より高電圧を安全に扱えることも伝えたい。

育成したい資質・能力

知・技 鉄粉や方位磁針を使って磁界の様子を調べる実験を行い、磁界の様子を磁力線で表すことができる。
思・判・表 磁石による磁界と電流による磁界を磁力線で表し、その共通点から、磁界と電流の向きの法則性を導くことができる。
思・判・表 磁石の向きや電流の向きを変えても法則性が当てはまることを確かめ、様々な磁界を磁力線で表すことにより、向きや磁界の強さを表現できることに気付く。

知・技 磁界と電流と力の関係を調べる実験を行い、実験結果からその関係をまとめることができる。
思・判・表 磁界と電流と力の関係の法則について、3つの向きのうちの1つの向きを変えると、もう1つの向きが変わることで、あらゆる向きに通じることに気付く。流す電流の向きと生じる電流の向きが反対になることに気付く。この法則性がモーターと発電機の原理になっていることに気付く。
思・判・表 流す電流の向きと生じる電流の向きが反対になるのは、コイルが、電流を受ける側と、電流を生じさせる側に変化するためだと考えることができる。

知・技 モーターづくりや実際のモーターの観察を行い、回転を続ける仕組みとして、エナメルを半分残すことや整流子とブラシの働きがあることを知る。
思・判・表 モーターが動く仕組みを磁界と電流と力の3方向の関係で説明することができる。また、回転を続けるためには、力の向きが回転方向であり続ける必要があることを知る。手づくりモーターではエナメルを半分残している理由や、実際のモーターでの整流子とブラシの働きの内容について説明できる。
思・判・表 実際のモーターの観察からより強いモーターにするためには、コイルの個数を増やして、回転方向の力を受ける場所を増やしていることに気付く。

知・技 電磁誘導の実験を行い、向きが交互に変わる電流が生じることを測定することができる。この電流が発電され、一般に供給されている交流であると知る。
思・判・表 電磁誘導と発電機の仕組みを関連させ、交流が一般に供給されていることを説明することができる。
学びに向かう力 向きが一定であるため、高電圧にすると接点が離れていても流れ続けてしまう直流に比べ、交流は向きが絶えず変化しているため、高電圧にしても切断しやすく安全に扱いやすいことに気付く。

授業展開例1　磁石による磁界と電流による磁界　　第2時

STEP	学習活動	授業の進め方	ワークシート
1 検証計画の立案	1. 学習の**ねらい**を確認する。	小学校でコイルに電流を流すと電磁石になることを学習したことや、モーターに磁石とコイルが使われていることを確認した上で、**磁石による磁界と電流による磁界を比較して、共通点や相違点を調べる**ことを伝える。	1. 実験の目的
	2. 測定方法を考える。	砂鉄集めをした経験から、鉄粉を使うと磁界の様子がわかることや、方位磁針を使うと磁界の向きがわかることに気付かせる。〈対話〉	
2 観察・実験の実施	3. 実験の準備をする。	厚紙の上に棒磁石を置き、鉄粉をまくようにする。小さい方位磁針をまわりに置くようにする。コイルは、厚紙にはめ込み、鉄粉をまいたり、小さい方位磁針を置けるようにする。手回し発電機でコイルに電流を流す。	2. 方法 (1)(2)
	4. 棒磁石のまわりの磁界を調べる。	棒磁石のまわりにできた鉄粉の模様をスケッチし、まわりに置いた方位磁針の向きを記録する。	3. 結果
	5. コイルのまわりの磁界を調べる。	コイルのまわりにできた鉄粉の模様をスケッチし、まわりに置いた方位磁針の向きを記録する。電流を逆に流したときの方位磁針の向きを記録する。	3. 結果
3 結果の処理　考察・推論	6. 棒磁石のまわりの磁界とコイルのまわりの磁界の共通点を見つける。	両者とも、鉄粉の模様が、両極から放射状に広がり、両極を曲線で結ぶようにできることや、その模様の方向に方位磁針がふれていることに気付かせる。	3. 結果 4. 考察 (1)(2)
	7. 見つけたことを整理する。	棒磁石やコイルのまわりに置いた方位磁針の向きをなめらかに結ぶと磁力線になり、鉄粉の模様と一致する。磁力線が磁界の様子を表すことを伝え、棒磁石とコイルの磁力線の共通点から、コイルに流れる電流の向きとN極・S極の関係に気付かせる。〈深い学び〉	4. 考察 (3)

2年　　組　　番　氏名　　　　　　　　　　　　

STEP 1
1. 実験の目的
棒磁石による磁界と電流を流したコイルのまわりの磁界を比較する。

STEP 2
2. 方法

(1) 棒磁石のまわりの磁界を調べる。
- 棒磁石のまわりに（ ア 方位磁針 ）を置く。
- 棒磁石のまわりに（ イ 鉄粉 ）をまき、軽くたたくとできる（ ウ 模様 ）をスケッチする。

(2) 電流を流したコイルのまわりの磁界を調べる。
- 電流を流したコイルのまわりに（ ア 方位磁針 ）を置く。
- 電流を流したコイルのまわりに（ イ 鉄粉 ）をまき、軽くたたくとできる（ ウ 模様 ）をスケッチする。

STEP 3
3. 結果

方位磁針　○の中に針の向きを記入。
⊗…電流の向き上→下
⊙…電流の向き下→上

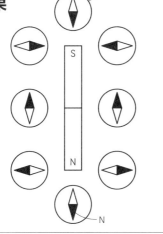

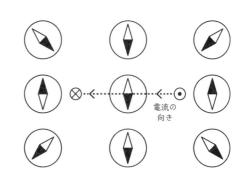

鉄粉をまいて軽くたたいたときの模様をスケッチする。

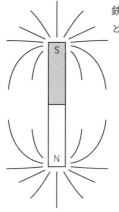

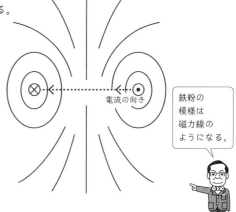

鉄粉の模様は磁力線のようになる。

4. 考察
(1) 棒磁石の極やコイルに流す電流の向きを反対にすると、方位磁針の向きはどうなるか。
（ 反対向きになる。 ）
(2) 方位磁針の向きと鉄粉の模様には、どんな関係があるか。
（ 方位磁針の向きに合うように鉄粉の模様ができる。 ）
(3) 棒磁石のまわりの磁界と電流を流したコイルのまわりの磁界の共通点は何か。
（ N極からS極に向かうように磁界ができる。 ）

授業展開例② 磁界、電流、力の関係① ─── 第5時

STEP	学習活動	授業の進め方	ワークシート
1 検証計画の立案	1. 学習の**ねらい**を確認する。	モーターや発電機に磁石とコイルが使われていることから、**磁界、電流、力の関係を調べる**ことを伝える。	1. 実験の目的
	2. 測定方法を考える。	磁界の中のコイルに電流を流したり、力を加えたりすれば、磁界と電流と力の関係を調べられることに気付かせる。	
2 観察・実験の実施	3. 実験の準備をする。	コイルをU字型磁石に通すようにつり下げておき、電流を流すときは、手回し発電機を使う。コイルを動かすときは、検流計をつなぐ。長めと短めの短冊状に切った画用紙を用意する。	2. 方法(1)(2)
	4. 電流を流したときの力の向きを調べる。	長めの短冊を二つ折りにして、磁界の向きを「磁界」、電流の向きを「電流」と記入する。短い短冊には「力」と記入する。コイルに電流を流して動いた方向を示すよう長い短冊に取り付け、3方向を表すようにする。この3方向が、磁界や電流の向きを変えても通用することに気付かせる。〔対話〕	2. 方法(1) 3. 結果(1)
	5. コイルを動かしたときの電流の向きを調べる。	長めの短冊に「磁界」「力」、短い短冊には「電流」と記入する。コイルを動かし、検流計で電流の向きを測定し、流れた向きを示すよう長い短冊に取り付け、3方向を表すようにする。この3方向が、磁界や力の向きを変えても通用することに気付かせる。〔対話〕	2. 方法(2) 3. 結果(2)
3 結果の処理 考察・推論	6. 電流を流す場合と力を働かせる場合を比べる。	より強い電流や磁界なら強く動き、より強い力なら強く電流が流れることを確認し、両者の電流の向きが反対になることに気付かせる。また、それがモーターの原理と発電機の原理であることを伝え、両者が同じ仕組みであることに気付かせる。〔深い学び〕	3. 結果 4. 考察(1)

2年　　組　　番　氏名

STEP 1
1. 実験の目的　磁界、電流、力の関係を調べる。

STEP 2
2. 方法

(1) 磁界の中でコイルに電流を流す。

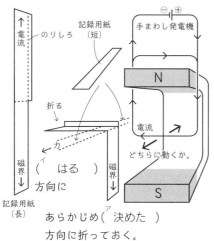

(イ はる) 方向に
あらかじめ（ア 決めた ）方向に折っておく。

磁石の向きや強さ、電流の向きを変えても、はりつけた記録用紙の通りになるか確認する。

(2) 磁界の中のコイルを動かす。

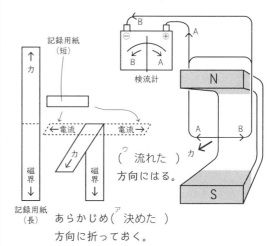

（ウ 流れた ）方向にはる。
あらかじめ（ア 決めた ）方向に折っておく。

磁石の向きや強さ、コイルを動かす向きや速さを変えても、はりつけた記録用紙の通りになるか確認する。

STEP 3
3. 結果　記録用紙をはりつける。

(1)
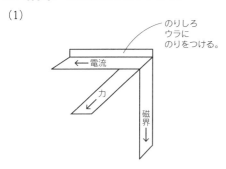

(2)
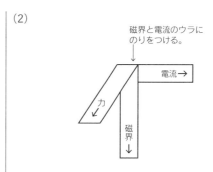

⊕⊖の位置が同じでも、電流を受け取る立場とつくる立場では流れる向きが反対になる。

4. 考察
(1) 同じ磁界の向きの中でコイルに電流を流したときに、コイルが動いた方向にコイルを動かすと、コイルに流れる電流の向きはどうなるか。
　　（ 反対になる。　　　　　　　　　　　　　　　　　　　　　　　　　　　　　　　　　　　　）
(2) (1)のような向きのとき、コイルの⊕、⊖はどうなるか。
　　（ 同じになる。　　　　　　　　　　　　　　　　　　　　　　　　　　　　　　　　　　　　）
(3) より強くコイルを動かしたり、より強く電流を流すためにはどうするか。
　　（ 磁界を強くして電流を強く流したり、コイルを速く動かす。　　　　　　　　　　　　　　　）

授業展開例③ 磁界、電流、力の関係② ─── 第7時

STEP	学習活動	授業の進め方	ワークシート
1 検証計画の立案	1. 学習の**ねらい**を確認する。	**モーターのつくりを理解するために実際に簡単なモーターをつくってみる**ことを伝える。	1. 実験の目的
	2. つくり方を理解する。	モーターの中にコイルと磁石、整流子とブラシがある。エナメル線を巻いてコイルをつくる。コイルの一端のエナメルは全部はがすが、もう一端は、片面だけはがすことで整流子にする。クリップでコイルを支えることでブラシの役割にする。コイルがよく回転するようにしたら、強力磁石を置き、クリップに電流をつなぎ、モーターにすることを説明する。	2. 方法 (1)(2)
2 観察・実験の実施	3. モーターづくりの準備をする。	エナメル線は30cm程度。ほかにエナメル線を巻きつけるサインペン、クリップ2本、クリップを取り付ける画びょう2本、かまぼこ板程度の木製の台を準備する。電源は手回し発電機とする。	2. 方法 (1)(2)
	4. モーターづくりをする。	ワークシートに従って、<u>2人一組で役割分担をしてモーターをつくるとよい</u>。1人はエナメル線を巻いてコイルをつくり、1人はクリップを曲げてコイルを回転させる台をつくる。	2. 方法 (1)(2)(3) 〔対話〕
	5. モーターを動かして、回転の様子を観察する。	コイルをはめ込んだ台の上に強力磁石をのせ、クリップに手回し発電機をつなぎ、電流を流す。はじめはコイルが上下に震動するが、軽く押すと回転する。磁界や電流の向きを変えると逆回転する様子を観察する。	2. 方法 (4)
3 結果の処理 考察・推論	6. モーターの回転の様子をまとめる。	回転の様子をワークシートに記入し、<u>エナメルを半分はがした側で火花が上がる理由や、磁界、電流の向きと回転の向きの関係を考える</u>。	3. 結果 4. 考察 〔深い学び〕

2年　　組　　番　氏名

STEP 1
1. 実験の目的
モーターをつくり、そのしくみを調べる。

STEP 2
2. 方法

(1) コイルづくり

① エナメル線を（ア 20 ）回巻きつける。（サインペン2cm程度）
② 両端を巻いてしめる。
③ 紙ヤスリでエナメルを（イ 下半分 ）はがす。　エナメルを（ウ 全部 ）はがす。

(2) クリップの台づくり

(3) クリップの台にコイルをはめ、バランスよく回転するようにする。

(4) 磁石をコイルの下に置き、電気を流す。

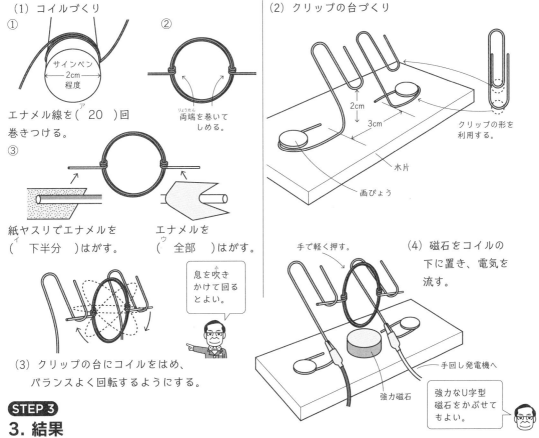

息を吹きかけて回るとよい。

強力なU字型磁石をかぶせてもよい。

STEP 3
3. 結果
(1) 電流の向きか磁石の向きを反対にすると、コイルが回転する向きは（エ 反対 ）になる。
(2) 電流の向きも磁石の向きも両方反対にすると、コイルが回転する向きは（オ 元と同じ ）になる。
(3) エナメルを（カ 下半分だけはがした ）方が火花がよく上がる。

4. 考察
右の図は、磁石による磁界と電流による磁界の向きを表している。P点やQ点でコイルにはたらく力の向きから、コイルがなぜ回転するのか説明しなさい。

電流による磁界の向きはP点とQ点で反対であるので受ける力も反対になり回転方向の力になる。$\frac{1}{2}$回転するとエナメルのため電流が流れるので力ははたらかず、$\frac{1}{2}$回転前の力の勢いで回転を続ける。

実際のモーターの整流子がエナメルを半分はがした部分。接しているクリップがプラスになる。

指導事例3　電流と磁界　37

授業展開例④ 磁界、電流、力の関係③　　　第8時

STEP	学習活動	授業の進め方	ワークシート
1 検証計画の立案	1. 学習の**ねらい**を確認する。	**モーターづくりの経験から、モーターが回転する仕組みを理解する**ことを伝える。	1. 実験の目的
	2. 回転するモーターを観察して気付いたことを発表し合う。	磁界、電流の向き、回転方向を発表させ、法則性を導くようにする。エナメルを半分はがした一端から火花が上がったのは、電流が断続的に流れていたためだと気付かせる。〈対話〉	2. クリップモーターのしくみ
2 観察・実験の実施	3. モーターが回転するための条件を考える。	回転するためには、回転の中心の両側に反対方向の力が働く必要があることと、磁界の中に2方向の電流が流れる必要があることに気付かせる。	2. クリップモーターのしくみ〈エナメルの一端は半分残す〉
	4. コイルに流れる電流の向きを考える。	磁界の中にコイルを入れると、コイルに円周状に流れる電流は、コイルの中心の両側で反対向きになる。このことにより、磁界の中に2方向の電流を流すようにできることに気付かせる。 加えて、コイルが回転を続けるためには、コイルが半回転しても、同じ側は一定方向に電流が流れるようにする仕組みが必要なことに気付かせる。	2. クリップモーターのしくみ〈エナメルの一端は半分残す〉 3. 実際のモーターのしくみ
	5. コイルが回転を続けるために電流の向きを変える仕組みを考える。	コイルに一定方向の電流が流れ続けていると、コイルが半回転するとき、同じ側は電流の向きが反対になる。モーターを自作するときに、電流を切るためにエナメルを半分残したことに気付かせる。〈深い学び〉	3. 実際のモーターのしくみ
3 結果の処理 考察・推論	6. 整流子とブラシの役割を理解し、モーターが回転を続ける仕組みをまとめる。	実際にモーターの整流子とブラシの役割の図を見て、コイルに流れる電流の向きを断続的に変化させる仕組みを理解する。このことから、モーターが回転し続ける仕組みをまとめるようにする。	4. 考察

2年　　組　　番　氏名

STEP 1
1. 実験の目的　モーターが回転するしくみを理解する。

STEP 2
2. クリップモーターのしくみ

電流が流れたり切れたりするので火花が出ます。

一端はエナメルを半分(ア 残した)コイルを磁界の中に入れ、電流を流すと、コイルは(イ 回転)する。このとき、コイルには(ウ 断続的)に電流が流れている。

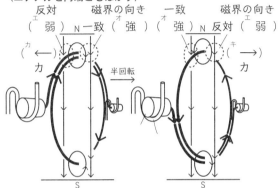

〈エナメルを両端ともはがす〉
反対(エ 弱) 磁界の向き 一致(オ 強) 一致(オ 強) 磁界の向き 反対(エ 弱)
(カ ←) (キ →)

半回転すると、コイルの中を流れる電流が(ク 逆)回転になり、力の向きが(ケ 逆)になる。→コイルは回転(しない)。

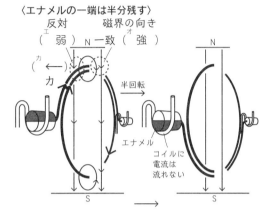

〈エナメルの一端は半分残す〉
反対(エ 弱) 磁界の向き 一致(オ 強)
(カ ←)

エナメルを一端は半分残せば、半回転するとコイルに電流が流れ(コ なく)なる。このことで(逆)向きの力ははたらか(なく)なる。→コイルは回転(する)。

3. 実際のモーターのしくみ

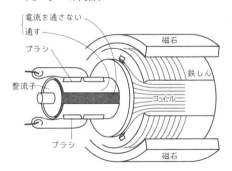

〈モーターの内部〉

ブラシから整流子に電流が流れる。整流子には、電流を通す部分と通さ(シ ない)部分があり、コイルにつながっている。

根気よく仕組みを考えさせてください。

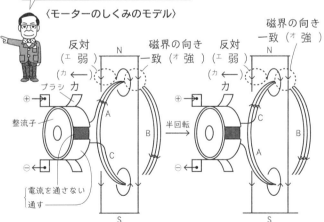

〈モーターのしくみのモデル〉

コイルが半回転すると、コイルの電流の向きは(ス A→B→C)から(セ C→B→A)になる。したがって、コイルが半回転しても、力の向きは回転を(ソ する)向きとなる。

STEP 3
4. 考察

(1) クリップモーターで一端のエナメルを半分残したのは、実際のモーターのどのしくみに当てはまるか。
(整流子に電流が流れない部分があるところ。)

(2) より強いモーターにするには、磁石や電流を強くするほかにモーターをどう改良するとよいか。
(コイルの巻き数を増やす。
　コイルを別の向きにもつけて数を増やす。)

指導事例3　電流と磁界　　39

指導事例 ❹ 物質の分解と化合、酸化と還元

2年 化学変化と原子・分子

第1分野　内容（4）化学変化と原子・分子
ア（ア）物質の成り立ち　㋐物質の分解　物質を分解する実験を行い、分解して生成した物質は元の物質とは異なることを見いだして理解すること。
㋑原子・分子　物質は原子や分子からできていることを理解するとともに、物質を構成する原子の種類は記号で表されることを知ること。
ア（イ）化学変化　㋐化学変化　2種類の物質を反応させる実験を行い、反応前とは異なる物質が生成することを見いだして理解するとともに、化学変化は原子や分子のモデルで説明できること、化合物の組成は化学式で表されること及び化学変化は化学反応式で表されることを理解すること。
㋑化学変化における酸化と還元　酸化や還元の実験を行い、酸化や還元は酸素が関係する反応であることを見いだして理解すること。

● 深い学びへのメッセージ

　はじめに、家庭にもある炭酸水素ナトリウムを取り上げ、カルメ焼きづくりをします。続いて、鉄と硫黄を反応させた硫化鉄から、温泉地や火山の近くのにおいの素である硫化水素を発生させて、化学変化への関心を高めます。これらの化学変化を原子・分子で説明できるようになることで、いろいろな物質をあやつる楽しさを感じさせたいです。

1. 物質の分解とその利用　第1～4時
物質を分解すると元とは異なる物質ができることを知る。

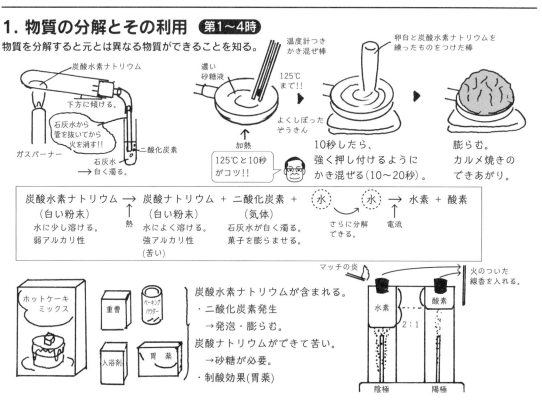

40　2年　化学変化と原子・分子

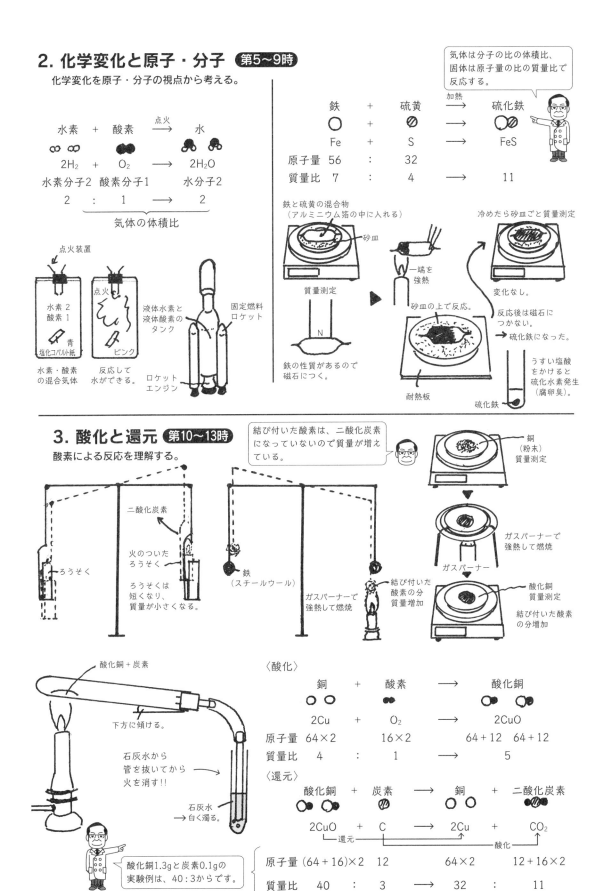

● 指導計画

時	学習内容	学習活動	深い学びへの着眼点
第1〜4時	**1. 物質の分解とその利用** 物質を分解すると元の物質とは異なる物質ができることを見いだす。このことを身の回りの物質の反応と関連付けて利用する。 ● 授業展開例1・2 ●	炭酸水素ナトリウムを加熱して分解し、できた物質を調べる。この反応を利用してカルメ焼きづくりをする。水を分解してできた物質の性質を調べる。	・炭酸水素ナトリウムと加熱後の炭酸ナトリウムの味を比べ、より苦くなることと、アルカリ性の強い物質に変化したことを関連させる。 ・同反応を利用したカルメ焼きづくりでは、砂糖の甘みの中に苦みを感じることに気付かせる。 ・水を電気分解した水素の爆発や酸素の助燃性から、元の物質とは異なることを強く印象付ける。
第5〜9時	**2. 化学変化と原子・分子** 化学変化を原子・分子の考え方で説明できるようにする。 ● 授業展開例3 ●	水の分解と合成について反応する体積比を、原子・分子の考え方で説明する。鉄と硫黄の反応について、反応の質量比を、原子量から説明する。鉄と硫黄の混合物から、鉄と硫黄が化合して硫化鉄という別の物質になったことを調べる。	・気体が反応する体積比は、分子の組み合わせでわかり、固体が反応する質量比は、原子量からわかることから、原子・分子の考え方で、物質が反応する割合を求めることができることに気付かせる。 ・理科室での実験を水素と酸素の反応の利用や自然界での硫化水素の発生と関連付ける。
第10〜13時	**3. 酸化と還元** 物質に酸素を結び付けたり、取り除く反応を理解し、身の回りの物質と関連付ける。 ● 授業展開例4 ●	銅やマグネシウムを加熱して酸化させ、反応の前後の質量を測定し、反応する質量比を求める。この質量比を原子の考え方で説明する。酸化銅と炭素を加熱して反応させ、できた物質を調べる。	・銅やマグネシウムの反応する質量比から、酸素と結び付く割合が大きいマグネシウムの方が激しく燃焼する反応であることに気付かせる。 ・原子量から、酸化銅を還元するのに必要な炭素の質量が求められることに気付かせる。これらの実験と、人類の金属利用の歴史を関連付ける。

育成したい資質・能力

知・技 炭酸水素ナトリウムの熱分解、カルメ焼きづくり、水の電気分解の実験を安全に行うことができる。できた物質の性質から、化合物を分解すると元の物質とは別の物質になることを説明することができる。

思・判・表 分解してできた物質の性質を調べた結果から、元の物質と異なる物質ができたことに気付く。

学びに向かう力 カルメ焼きは、炭酸水素ナトリウムの熱分解により発生した二酸化炭素により膨らみ、強アルカリの炭酸ナトリウムができるため、砂糖の甘みの中に苦みができる。このことから、膨らみのある食品をつくるのに炭酸水素ナトリウムの熱分解を利用すると、苦みを打ち消すために砂糖が多く必要になることに気付く。このように化学変化の分解と、身の回りのものを結び付けて考えようとする。

知・技 水の分解や合成、鉄と硫黄の化合とできた物質の性質を調べる実験を安全に行うことができる。水素、酸素、鉄、硫黄はこれ以上分解できない物質であることを知り、これらの物質を組み合わせてできる化合物を原子・分子の考え方から説明することができる。

思・判・表 反応させる質量比や反応後にできた物質の体積比や質量比について、原子・分子の考え方や原子量から説明することができる。

思・判・表 化学変化するときの物質同士の割合を原子量から求められることを知り、化学変化が起きているときには、これらの規則性に基づいて行っていることに気付く。

学びに向かう力 自然界の中でもこのような反応が起きていることに関心をもつ。

知・技 銅やマグネシウムの酸化、酸化銅の還元の実験を安全に行うことができる。実験結果による物質同士の反応する割合を求めることができる。還元を行うためには、酸素と結び付いて酸化される物質が必要なことを知る。

思・判・表 実験結果から求めた物質同士の反応する割合について、原子・分子の考え方や原子量から説明することができる。より激しく燃焼して反応するマグネシウムは、酸素と反応する割合が大きいことに気付く。酸化銅を還元するときに酸素と結び付きやすい炭素を利用することを知り、必要な炭素の質量を原子量から求めることができる。

学びに向かう力 酸化還元の実験と、人間が自然界に存在する金属をどのように取り出して利用してきたかという歴史について関連させて考えようとする。

指導事例4　物質の分解と化合、酸化と還元

授業展開例1　物質の分解とその利用①　　　第2時

STEP	学習活動	授業の進め方	ワークシート
1 検証計画の立案	1. 学習の**ねらい**を確認する。	1年では、身近にある白い粉末として食塩や砂糖、小麦粉などについて調べた。そのほか、家庭にある重曹やベーキングパウダーの成分である**炭酸水素ナトリウムの性質について調べる**ことを伝える。	1. 実験の目的
1 検証計画の立案	2. 実験方法を考える。	性質を調べる方法として、水への溶け具合や酸性かアルカリ性か、加熱するとどうなるか、などを挙げさせる。	
2 観察・実験の実施	3. 実験の準備をする。	炭酸水素ナトリウムが水に溶けにくいことや弱アルカリ性であることを演示する。試験管に入れ、下方に傾けて加熱し、発生する気体を石灰水で調べることと、石灰水から管を抜いた後で加熱をやめることを厳重に伝える。	2. 方法
2 観察・実験の実施	4. 実験を行う。	炭酸水素ナトリウムから発生した水が加熱側に行かないように試験管を下方に傾ける。石灰水が白く濁るのがわかれば、すぐに石灰水から管を抜くようにする。この管が抜けているのを確認してから加熱をやめる。これらについてよく確認して安全に実験を行う。	2. 方法
2 観察・実験の実施	5. 加熱後の物質を調べる。	試験管から加熱後の物質を取り出して、水への溶け具合やフェノールフタレイン液との反応を調べさせる。また、加熱した試験管の口付近に塩化コバルト紙を触れさせる。	3. 結果
3 結果の処理 考察・推論	6. 実験結果から考察する。	加熱後は、水に溶けやすく強アルカリ性の別の物質ができたことに気付かせる。炭酸水素ナトリウムは、二酸化炭素と水、別の物質（炭酸ナトリウム）に化学変化したことをまとめさせる。	3. 結果 4. 考察 (1)(2)
3 結果の処理 考察・推論	7. 身近なことと関連させる。	炭酸水素ナトリウムは、加熱すると二酸化炭素を発生するのでお菓子を膨らませるのに利用するが、強アルカリの苦みのある物質が残るので、<u>苦みを打ち消すためにはどうしたらよいか</u>を考えさせる。	4. 考察 (3) 深い学び

2年　組　番　氏名

STEP 1
1. 実験の目的
炭酸水素ナトリウムを加熱したときの変化を調べる。

STEP 2
2. 方法

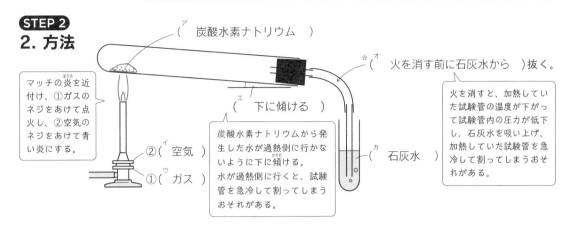

（ア　炭酸水素ナトリウム　）
（イ　空気　）
（ウ　ガス　）
（エ　下に傾ける　）
（オ　火を消す前に石灰水から　）抜く。
（カ　石灰水　）

マッチの炎を近付け、①ガスのネジをあけて点火し、②空気のネジをあけて青い炎にする。

炭酸水素ナトリウムから発生した水が過熱側に行かないように下に傾ける。水が過熱側に行くと、試験管を急冷して割ってしまうおそれがある。

火を消すと、加熱していた試験管の温度が下がって試験管内の圧力が低下し、石灰水を吸い上げ、加熱していた試験管を急冷して割ってしまうおそれがある。

（ア　炭酸水素ナトリウム　）は、ふくらし粉、ベーキングパウダー、重そうの成分。
お菓子をつくるときに材料に少量入れると（キ　ふくらむ　）。

STEP 3
3. 結果

(1) 加熱前：（ア　炭酸水素ナトリウム　）は水に溶け（ク　にくい　）。
　　　　　　フェノールフタレイン液を加えると（ケ　うすい赤　）。味は（コ　しょっぱにがい　）。
　　　　　　　　　　　　　　　　　　　　　　　　　　　　　　　　　弱アルカリ性　弱いにが味

(2) 加熱中：（カ　石灰水　）が（サ　白くにごる　）。
　　　　　　→（シ　二酸化炭素　）が発生する。

(3) 加熱後：試験管の中の物質は水に溶け（ス　やすい　）。
　　　　　　フェノールフタレイン液を加えると（セ　赤色　）。味は（ソ　苦い　）。
　　　　　　→（タ　アルカリ　）性　　　アルカリ性が強くなった。
　　　　試験管の口の水滴に（チ　塩化コバルト　）紙を付けると、（ツ　青　）色→（テ　桃　）色になる。

4. 考察

(1) （ア　炭酸水素ナトリウム　）
　　→（ト　炭酸ナトリウム　）＋（シ　二酸化炭素　）＋（ナ　水　）
　　　加熱後の試験管の中の物質

(2) 加熱後の物質は、元とは（ニ　別の　）物質になった。→（ヌ　化学　）変化

(3) （ア　炭酸水素ナトリウム　）をお菓子に入れると、（ソ　苦い　）味を打ち消すためにたくさん
　　（ネ　砂糖　）を入れる必要がある。

にがいものはアルカリ性のものが多い。

授業展開例② 物質の分解とその利用②　　　第4時

STEP	学習活動	授業の進め方	ワークシート
1 検証計画の立案	1. 学習の**ねらい**を確認する。	炭酸水素ナトリウムを加熱すると二酸化炭素が発生することを利用して、**カルメ焼きづくり**をすることを伝える。	1. 実験の目的
	2. つくり方を理解する。	カルメ焼きが、高温に熱した砂糖液に炭酸水素ナトリウムを加え、膨らませて固めたお菓子であることを伝える。砂糖液は常にかき混ぜながら加熱すること、125℃になったら加熱をやめ、10秒待った後、炭酸水素ナトリウム入り卵白を加えてかき混ぜることなどを、材料や道具を見せながら説明する。説明したことをワークシートに記入して確認させる。	2. 方法 つくり方を調べる宿題を出しておいてもよい。
2 観察・実験の実施	3. 実験の準備をする。	材料や道具を配付する。各班、2回つくれるようにする。砂糖液がついた道具を洗うために、大きめのやかんに熱湯を用意しておく。	2. 方法
	4. カルメ焼きをつくる。	ワークシートに示されたやり方に従い、カルメ焼きをつくる。砂糖液がついた道具は、水で洗ったりこすり落とそうとしたりせず、熱湯の中に入れて洗う。使い終わった道具は、随時回収する。	2. 方法
	5. できたカルメ焼きを食べる。	なべの上で膨らんで固まったカルメ焼きは、再加熱することでまわりを溶かして、アルミニウム箔の上に取り出す。カルメ焼きを載せているアルミニウム箔が熱くなければ冷めているので、割って中に細かい空洞ができているのを確認してから食べる。甘さだけでなく苦みがあることに気付かせる。	2. 方法
3 結果の処理　考察・推論	6. カルメ焼きのつくり方や味について考察する。	カルメ焼きが膨らんだのは、炭酸水素ナトリウムから発生した二酸化炭素のためで、まわりが先に冷えて固まったことで二酸化炭素が閉じ込められたことに気付かせる。また、<u>苦みがあるのは、強アルカリの炭酸ナトリウムができたためであることに気付かせる。</u>	3. 考察 深い学び

46　2年　化学変化と原子・分子

2年　　組　　番　氏名 _____

STEP 1
1. 実験の目的
炭酸水素ナトリウムの熱分解を利用してカルメ焼きをつくる。

STEP 2
2. 方法

① 温度計つきかき混ぜ棒をつくる。

温度計…200℃までのもの
温度計を（ア　ひっこめる　）ようにする。

② 卵白を泡立てて（イ　つの　）が立つようにする。

③ 炭酸水素ナトリウムを加え、ソフトクリームのようにする。さらに少量の砂糖を加える。

④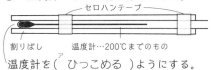
砂糖50g　水25mL
（ウ　2　）回分を準備する。

⑤ 道具についた砂糖液を洗うための熱湯と耐熱性のバットを用意する。

⑥ ぬらしたぞうきんをかたくしぼる。

⑦ かくはん棒に（エ　炭酸水素ナトリウム　）入り卵白をつける。
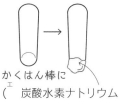

⑦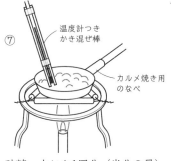
温度計つきかき混ぜ棒／カルメ焼き用のなべ
砂糖・水とも1回分（半分の量）を入れ、常に（オ　かきまぜながら　）加熱する。

⑧
水でぬらしてかたくしぼったぞうきん
（カ　125℃　）になったら加熱をやめ、かたくしぼったぞうきんの上にのせて（キ　10秒　）待つ。

⑨
炭酸水素ナトリウム入り卵白をつけたかくはん棒
炭酸水素ナトリウム入り卵白をつけたかくはん棒をなべの底に（ク　押しつけながら　）全体をかき混ぜる。
全体が（ケ　クリーム色　）になったらかき混ぜるのをやめる。

これ以上かき混ぜると、ふくらみかけているものがボロボロになる。

⑩
しばらくするとふくらむ。
再加熱してまわりを溶かし、アルミニウムはくの上に取り出す。
→（コ　冷めたら　）食べる。

⑪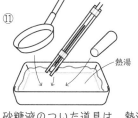
熱湯
砂糖液のついた道具は、熱湯を入れたバットに入れて洗う。

砂糖液でベタベタになるので、放置せずすぐに熱湯の中に入れる。

⑫ 残った材料でもう一度つくる。

こぼした砂糖液は熱湯をかけるとおちます。

STEP 3
3. 考察

(1) 砂糖液がふくらんだのは、炭酸水素ナトリウムのどんなはたらきのためか。
（　加熱すると二酸化炭素と水蒸気が発生するはたらき。　）

(2) 食べると甘みのほかに、苦みがあるのはなぜか。
（　炭酸水素ナトリウムは加熱後、アルカリの強い炭酸ナトリウムになるから。　）

(3) お菓子をふくらませるのに炭酸水素ナトリウムを多く使った場合、どんな味になるか。
（　アルカリの強い炭酸ナトリウムが残るので、苦みが出てしまう。　）

苦みを打ち消すために砂糖をたくさん入れると甘みの強いお菓子になる。

指導事例4　物質の分解と化合、酸化と還元

授業展開例3　化学変化と原子・分子　　　　第6時

STEP	学習活動	授業の進め方	ワークシート
1 検証計画の立案	1. 学習の**ねらい**を確認する。	自然界で土壌や岩石中によく含まれている**鉄と硫黄を混合して加熱したときの変化を調べる**ことを伝える。	**1. 実験の目的**
	2. 鉄と硫黄の混合物の性質を確認する。	鉄と硫黄を質量比7:4で混合したものを少量の塩酸の中に入れたり、アルミニウム箔でくるんだものに磁石を近付けたりする演示を行う。鉄の性質があるため、無臭の気体（水素）が発生、磁石に付くことを確認する。	**2. 方法**
2 観察・実験の実施	3. 実験の方法を理解する。	砂皿ごと質量を測ってから、アルミニウム箔に包んだものの一端をガスバーナーの炎で加熱し、砂皿の上で反応させる。冷めてから、砂皿ごと質量を測る。そして、磁石に付くかどうかや、中身を取り出し塩酸をかけたときの変化を調べることを伝える。これらについて、ワークシートに記入させて確認する。	**2. 方法** **3. 結果** 　加熱前
	4. 実験を行う。	実験が計画通りに行われているか確認する。取り出した物質は、班ごとに教卓に持ってきて、授業者が少量の塩酸をかけ、硫化水素を発生させる。においが確認できたら、すぐに回収して水をかけた後、ざるの上にのせて水分を切り、硫化水素が発生しないようにする。	**2. 方法**
	5. 結果をまとめる。	ワークシートの表に加熱前と加熱後の変化を記入する。	**3. 結果**
3 結果の処理　考察・推論	6. 実験の方法や結果について考察する。	加熱前は、鉄と硫黄の混合物だったので鉄の性質もあったが、加熱後は、鉄と硫黄が化合して別の物質に変化していることに気付かせる。燃えていたように見えても、質量が変化していないことから、酸素と結び付いていないことに気付かせる。<u>鉄と硫黄を7:4の割合で混合したのはなぜかを考えさせ、両者の質量を表す原子量を示し、その比から算出したものだと気付かせたい。</u>	**4. 考察** 深い学び

2年　組　番　氏名

STEP 1
1. 実験の目的　鉄と硫黄を結び付けたときの変化を調べる。

STEP 2
2. 方法

質量比　鉄（ア 7 ）：硫黄（イ 4 ）

よく混ぜる。鉄と硫黄の（ウ 混合 ）物。

（エ 砂皿 ）に入れて質量を測定する。

（オ 一端 ）を加熱する。
（カ 赤 ）くなったら（エ 砂皿 ）の上に置く。

中央を加熱すると割れることがあるので危険。

（エ 砂皿 ）にのせたまま
（キ 質量 ）を測定する。
中身を取り出して
（ク 塩酸 ）をかける。

3. 結果
〈鉄と硫黄の（ウ 混合 ）物の変化〉

	磁石	色	塩酸	質量
加熱前	つく	黄色っぽい灰色	無臭の気体が発生する	g
加熱後	つかない	黒	卵のくさったようなにおいの気体が発生する	g

温泉地でよくするにおいです。あくまでも硫化水素のにおい。

変化しない。

比べてみよう

鉄（スチールウール）
(　　)g

加熱

空気

（燃える）

加熱後
(　　)g
増加する。

STEP 3
4. 考察
(1) 鉄と硫黄の（ウ 混合 ）物には、鉄・硫黄両方の性質が（ケ ある ）。
　　加熱後できた物質は、鉄・硫黄両方の性質が（コ ない ）。
　　→（サ 化学 ）変化して（シ 別 ）の物質ができた。
(2) 鉄と硫黄の反応では質量が変化（ス しない ）が、鉄の加熱では質量が変化した。これは鉄が空気中の（セ 酸素 ）と結び付いて（ソ 酸素の分の質量が増えた ）から。
(3) 鉄と硫黄が反応する割合が（ア 7 ）：（イ 4 ）なのはなぜか。

　　Fe＋S → FeSなので、鉄原子1つと硫黄原子1つが結び付く。
　　鉄原子と硫黄原子の原子量は56と32なので、56：32＝7：4になるため。

指導事例4　物質の分解と化合、酸化と還元　49

授業展開例④ 酸化と還元　　第12時

STEP	学習活動	授業の進め方	ワークシート
1 検証計画の立案	1. 学習の**ねらい**を確認する。	**酸化銅に結び付いている酸素を取り除いて銅を取り出す**ことを伝える。	1. 実験の目的
	2. 酸化銅から銅を取り出す方法を考える。	酸化銅を酸素と結び付きやすい物質と反応させれば、銅を取り出せると気付かせたい。この実験では、炭素と混合して加熱することを伝える。	2. 方法 〈対話〉
2 観察・実験の実施	3. 実験の方法を理解する。	下記の点について説明する。 ・水分が発生した場合に加熱側に行かないようにするため、混合物を入れた試験管を下方に傾けて加熱する。 ・加熱中の試験管の温度が下がると中の圧力も下がり、石灰水を吸い上げて試験管が急冷し、割れる危険があるため、やめる前に石灰水から管を抜く。 説明後、ワークシートに記入して確認させる。	2. 方法
	4. 酸化銅と炭素を加熱する。	石灰水が白く濁り、二酸化炭素が発生したことがわかったらすぐに石灰水から管を抜く。混合物が黒色から褐色に変化したら、石灰水から管が抜けているのを確認して加熱をやめ、ピンチコックを閉める。	2. 方法
	5. 取り出した物質が銅であるかどうか調べる。	冷めたら、褐色に変わった物質を試験管から取り出し、水の中に入れて未反応の炭素を流す。沈んだ褐色の物質を取り出してろ紙の上にのせ、水分がなくなったら薬さじの裏でこすり、金属光沢が出るか調べさせる。	3. 結果
3 結果の処理 考察・推論	6. 実験の結果について考察する。	酸化銅 1.3g と炭素 0.1g を混合した理由を原子量が銅 64、酸素 16、炭素 12 から考えさせる。 この反応は、酸化銅から酸素がうばわれる「還元」と、炭素の「酸化」が同時に起きたことに気付かせる。	4. 考察 〈深い学び〉

50　2年　化学変化と原子・分子

STEP 1
1. 実験の目的
酸化銅に結び付いている酸素を取り除いて銅を取り出す。

STEP 2
2. 方法

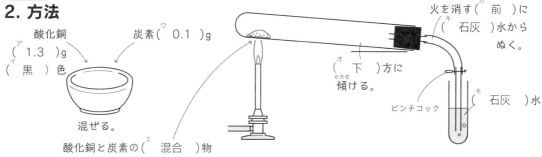

酸化銅(ア 1.3)g (黒)色
炭素(ウ 0.1)g
混ぜる。
酸化銅と炭素の(エ 混合)物
(オ 下)方に傾ける。
火を消す(カ 前)に(キ 石灰)水からぬく。
ピンチコック
(キ 石灰)水

加熱している試験管の中身が(ク 褐)色になったら(キ 石灰)水から管が(ケ ぬいて)あるのを確認して加熱をやめる（ガスバーナーを消す）。ピンチコックを閉める。 → (コ 逆流)防止
冷めたら中身を取り出し、(サ 水)の入ったビーカーの中に入れ、残っている(シ 炭素)を水に溶かして流し、下に沈んだ(ス 銅)をろ紙につけてみがく。

3. 結果
(キ 石灰)水が(セ 白くにごる)。……(ソ 二酸化炭素)が発生した。

酸化銅 ＋ 炭素 → (チ 銅) ＋ (ツ 二酸化炭素)
(タ 2)CuO ＋ C → (2Cu) ＋ (CO_2)

この方法は、大昔、たき火のあと土の中から銅が発見されたのと同じです。

STEP 3
4. 考察
(1) この反応では、酸化銅の(テ 酸素)と(シ 炭素)が結び付いて(ソ 二酸化炭素)ができたので(ス 銅)を取り出すことができた。
(2) 酸化銅のような(ト 酸化)物が(テ 酸素)をうばわれることを(ナ 還元)という。
(3) 酸化銅(ア 1.3)g、炭素(ウ 0.1)gはどのように決めたか。

$$
\begin{aligned}
&\text{原子量が銅64、酸素16、炭素12から、} \quad 2(64+16):12 \\
&\qquad\qquad\qquad\qquad\qquad\qquad = 160:12 \\
&\qquad\qquad\qquad\qquad\qquad\qquad = 13.3:1 \to 1.3:0.1
\end{aligned}
$$

おまけの実験（ちょっとゼイタク？）

酸化銀 $\xrightarrow{(ヌ\ 加熱\ )}$ (ニ 銀) ＋ (テ 酸素)

(イ 黒)色の酸化銀が加熱後、
(ネ 白)色の(ニ 銀)になった。
→ 取り出してみがくと(光る)。

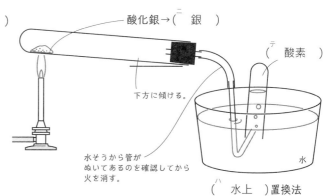

酸化銀 → (ニ 銀)
(テ 酸素)
下方に傾ける。
水そうから管がぬいてあるのを確認してから火を消す。
水
(ハ 水上)置換法

指導事例4 物質の分解と化合、酸化と還元

指導事例❺ 水蒸気の変化と雲のでき方

2年　気象とその変化

第2分野　内容（4）気象とその変化
ア（ア）気象観測　⑦気象要素　気象要素として、気温、湿度、気圧、風向などを理解すること。また、気圧を取り上げ、圧力についての実験を行い、圧力は力の大きさと面積に関係があることを見いだして理解するとともに、大気圧の実験を行い、その結果を空気の重さと関連付けて理解すること。
ア（イ）天気の変化　⑦霧や雲の発生　霧や雲の発生についての観察、実験を行い、そのでき方を気圧、気温及び湿度の変化と関連付けて理解すること。

● 深い学びへのメッセージ

　本指導事例では、水蒸気に関連する身近な現象から、雲のでき方や大気の循環に至るまでを取り上げています。冬は、乾燥しているはずなのに結露をする。また、降雪の中では、湿っているはずなのに空気中の水蒸気量は少ない。このような矛盾しているように見えることから、水蒸気の変化のきまりを解き明かし、だんだんと視野を広げ、深めていくような授業の構成になっています。

1. 飽和水蒸気量と気温・湿度　第1〜4時
気温と空気中の水蒸気量の関係を知る。

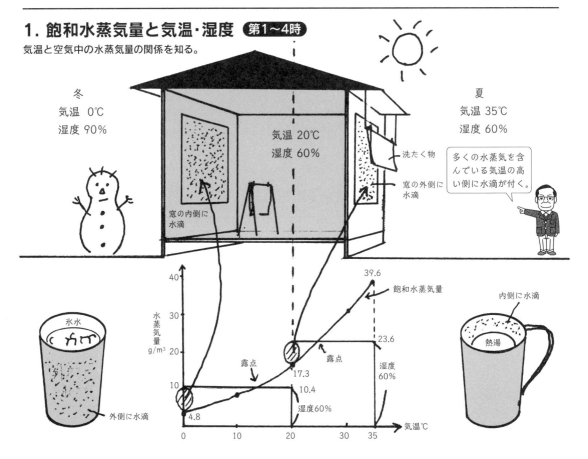

2. 湿度の測定 第5～7時
湿度の求め方を知る。

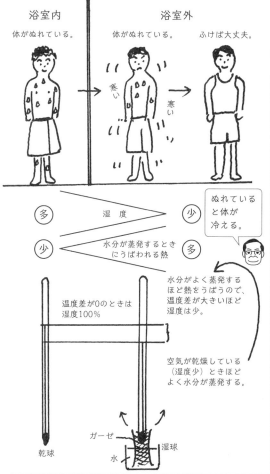

3. 雲のでき方と大気圧 第8～10時
実験結果から雲のでき方を説明する。

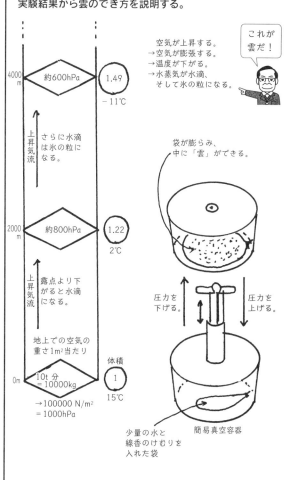

4. 大気の循環と水蒸気 第11～12時
大気の循環と水蒸気の変化の視点から気象現象を説明する。

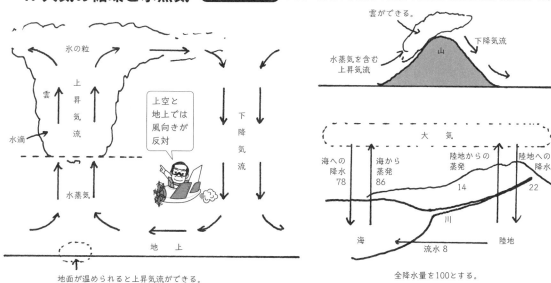

指導事例5　水蒸気の変化と雲のでき方

● 指導計画

時	学習内容	学習活動	深い学びへの着眼点
第1～4時	1. 飽和水蒸気と気温・湿度 空気中に含むことができる水蒸気量と気温の関係を知る。 ● 授業展開例1	気温が高いときほど多くの水蒸気を空気中に含むことができることを知り、飽和水蒸気量のグラフから湿度や露点を求める。	・冬と夏の天気や日常生活の体験から気温が高いときほど、多くの水蒸気を含むことができることに気付かせる。 ・湿度や露点を求めることから、気温が低いと湿度が高くても水蒸気量が少ないことに気付かせる。
第5～7時	2. 湿度の測定 露点の測定と乾湿計での測定の2つの方法により湿度を求める。 ● 授業展開例1	氷を入れた金属製のコップに水滴が付き始める温度を利用して露点を測定し、湿度を求める。また、乾湿計を使って湿度を求める	・湿った空気が冷やされると水滴ができることや、水分が蒸発するときに熱が奪われることを湿度の求め方に関連させて考えるようにする。
第8～10時	3. 雲のでき方と大気圧 雲のでき方を実験結果から説明する。 ● 授業展開例2	真空調理器の中で気圧を低くして水蒸気を凝結させたり、空気を膨張させたりする実験を行う。その結果を基に、雲のでき方を気圧、気温、湿度と関連させて考える。	・真空容器の中で気圧を低くする作業が、高度の高い場所に空気が上昇した場合を再現していることを意識させ、高所に行ったときの体験と関連させる。
第11・12時	4. 大気の循環と水蒸気 雲に関係する気象現象を大気の循環と水蒸気の変化で説明する。 ● 授業展開例2	上空に雲ができていたり、山に雲がかかっていたりする現象を取り上げ、大気の循環や水蒸気の変化に関連させて考える。	・海、陸、大気間での水分の移動について、流水によるものは全体の8％に過ぎず、あとは大気を介する移動であることを知らせる。

育成したい資質・能力

- **知・技** 気温が高いほど空気中に含むことができる水蒸気量が多いことを知り、湿度や露点を求めることができる。
- **思・判・表** 日常生活での体験を、気温と湿度の関係で説明することができる。
- **学びに向かう力** 日常生活で「湿っている」「乾燥している」と感じた経験を気温と湿度の関係で説明し、そのための対策を考える。

- **知・技** 露点の測定と乾湿計の２つの方法で湿度を求めることができる。
- **思・判・表** 露点の測定や乾湿計によって湿度が測定できることを、気温が下がると空気中に含むことができる水蒸気量が少なくなることと、乾燥によって水分が蒸発すると熱が奪われることに関連させて説明することができる。
- **学びに向かう力** ２つの湿度の測定法と日常生活の経験を関連付けようとする。

- **知・技** 真空容器を使って、気圧が低くなって雲ができる状態を再現する実験を行うことができる。
- **思・判・表** 真空容器の中で観察できたことを、気圧、気温、湿度と関連させて説明することができる。
- **学びに向かう力** 真空容器の中で観察できたことを、高所に行ったときの体験と関連付けようとする。

- **知・技** 地球上の水分の移動は、大気を介する割合がほとんどであることを知る。
- **思・判・表** 大気を介する水分の移動について、例を挙げて説明することができる。
- **学びに向かう力** 大気を介する水分の移動に関して、人間生活への影響について考えようとする。

授業展開例 1　湿度の測定　　　　　第6時

STEP	学習活動	授業の進め方	ワークシート
1 検証計画の立案	1. 学習の**ねらい**を確認する。	乾球・湿球2本の温度計がセットになった乾湿計を使うと湿度が測定できることを伝える。また、冷たい水を入れると空気中の水蒸気が冷やされ、コップの表面に水滴が付くことを示す。これらを利用して、**湿度や水蒸気量を測定する**ことを伝える。	1. 実験の目的
	2. 測定方法を考える。	乾燥しているときほどぬれているものがよく乾く。そのとき温度がうばわれることから、乾球と湿球の温度差により湿度が測定できることや、空気中の水蒸気が多いほど冷たいコップの表面に水滴が付きやすいことなどに気付かせる。	対話
2 観察・実験の実施	3. 乾湿計の準備をする。	示す温度が一致している2本の温度計を用意し、1本には、水に浸したガーゼを取り付けて、常にぬれているようにする（水中には入れない）。	2. 方法(1)
	4. 金属コップと汲み置きの水を用意する。	セロハンテープを貼った金属のコップに、汲み置きの水と温度計を入れる。しばらく置いて室温と同じ温度にする。	2. 方法(2)
	5. 実験をする。	乾湿計をしばらく置き、どちらの温度計も温度が変化しなくなったら、それぞれの温度を記録し、湿度表により湿度を求める。金属のコップの中に氷を入れ、コップ表面のセロハンテープを貼った部分の境目に注目して、水滴が付き始めたときの温度を記録する。この温度をこの空気の露点とする。	2. 方法(1)(2)
3 結果の処理 考察・推論	6. 測定結果を比較して考察する。	測定した室温、露点の値から飽和水蒸気量のグラフを利用して湿度を求める。乾湿計の測定値から湿度表を利用して求めた湿度と一致するか比較する。それぞれの方法でなぜ湿度が求められるのかをもう一度考えさせる。	3. 結果 4. 考察　深い学び

2年　　組　　番　氏名

STEP 1
1. 実験の目的　湿度や水蒸気量を測定する。

STEP 2
2. 方法

(1) 乾湿計による湿度測定

温度計2本を使って乾湿計をつくってみよう

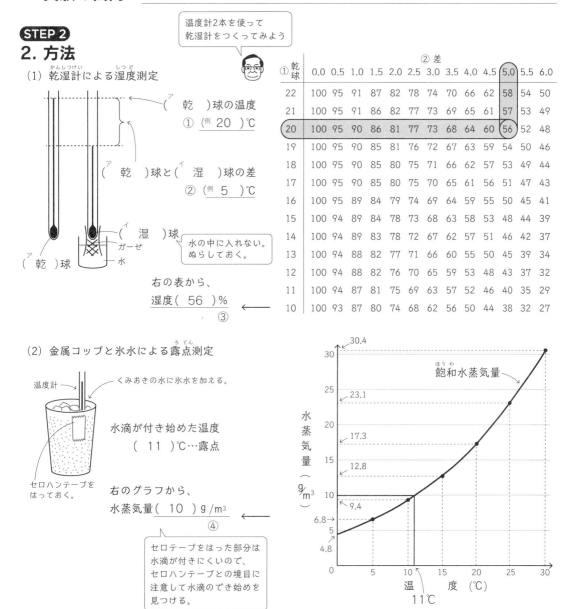

(　ア 乾　)球の温度
① (例 20)℃

(　ア 乾　)球と(　イ 湿　)球の差
② (例 5)℃

水の中に入れない。ぬらしておく。

右の表から、
湿度(56)％
③

(2) 金属コップと氷水による露点測定

くみおきの水に氷水を加える。

水滴が付き始めた温度
(11)℃…露点

セロハンテープをはっておく。

右のグラフから、
水蒸気量(10)g/m³
④

セロテープをはった部分は水滴が付きにくいので、セロハンテープとの境目に注意して水滴のでき始めを見つける。

STEP 3
3. 結果

(1)の(　ア 乾　)球の温度(① 例 20)℃のときの飽和水蒸気量は、グラフから(17.3)g/m³、湿度は(③ 56)％なので、このときの水蒸気量は(9.7)g/m³　17.3×0.56＝9.7

(2)の方法での水蒸気量は(10)g/m³ ④

⑤ 2つの方法での結果が一致するとよい。

4. 考察

(1)の方法は、水蒸気量が少ないほど温度差が(大きく)なることを利用している。
(2)の方法は、水蒸気量が多いほど露点が(高く)なることを利用している。

指導事例5　水蒸気の変化と雲のでき方　57

授業展開例② 雲のでき方と大気圧　　　　第9時

STEP	学習活動	授業の進め方	ワークシート
1 検証計画の立案	1. 学習のねらいを確認する。	簡易真空装置を使って、**気圧が低下したときの現象を再現する**ことを伝える。	1. 実験の目的
	2. 気圧が低下したときに起きる現象を考える。	日常生活の体験やこれまでに学習したことから、気圧が低下するとどんな現象が起こるか話し合い、発表させる。高度が上がると気圧が下がる、雲ができる、気温が下がる、密閉した袋が膨張する、などに気付かせる。	（対話）
2 観察・実験の実施	3. 実験(1)の準備をする。	ビニル袋に気圧計・高度計とデジタル温度計を入れ、密閉して簡易真空容器に入れる。	2. 方法(1)
	4. 気圧が下がったときの数値の変化を記録する。	簡易真空容器の空気を抜いて、気圧計・高度計の値を記録して、袋が膨張していることを確認する。また、容器に空気を入れて、地上と同じ気圧に戻すとどうなるか記録する。	3. 結果
	5. 実験(2)の準備をする。	ビニル袋に線香の煙と少量の水を入れ、密封して簡易真空容器に入れる。	2. 方法(2)
	6. 気圧が下がったときの袋の中の変化を記録する。	簡易真空容器の空気を抜いて、袋が膨張すると袋の中がくもるのを確認する。	3. 結果
3 結果の処理・考察・推論	7. 実験結果について話し合う。	気圧が下がり、袋の中の空気が膨張すると、なぜ温度が下がるのか考えさせる。袋の中の空気がもっていた熱が膨張して広がることから温度が下がることに気付かせたい。温度が露点まで下がることで、袋内の空気に含まれていた水蒸気が水滴になって現れたものがくもりであると気付かせる。これらは、自然界で気圧が下がったときの現象を再現したものであることを確認する。	4. 考察(1)(2)　（深い学び）

58　2年　気象とその変化

2年　組　番　氏名

STEP 1
1. 実験の目的
気圧を下げたときの現象を再現する。

STEP 2
2. 方法

(1) 気圧と気温の変化

①

ビニル袋の中に気圧計とデジタル温度計を入れ、（ア　きつくしばる　）。

②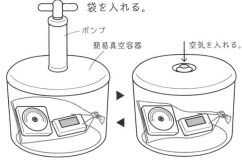
簡易真空容器の中に、気圧計とデジタル温度計を入れたビニル袋を入れる。

空気をぬいていったときと、空気を入れたときの、気圧や温度の変化を見る。

(2) 雲をつくる

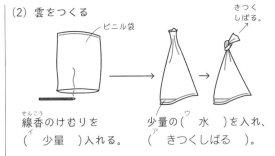
線香のけむりを（イ　少量　）入れる。　少量の（ウ　水　）を入れ、（ア　きつくしばる　）。

②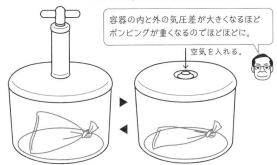
簡易真空容器の中に、線香のけむりと水が入った袋を入れる。

容器の内と外の気圧差が大きくなるほどポンピングが重くなるのでほどほどに。

空気をぬいていったときと、空気を入れたときの、袋の中の様子を見る。
袋に懐中電灯の（エ　光　）を当てて見る。

3. 結果

簡易真空容器は、本来は食品の保存や漬物づくりに使います。

	空気をぬいたあと	空気を入れたあと
気圧	下がる	上がる
気温	下がる	上がる
線香のけむりと水を入れた袋の中	袋がふくらみ、中がくもる（雲ができる）	袋がちぢみ、くもりがなくなる

STEP 3
4. 考察

(1) 気圧が下がったときの温度変化について説明しなさい。
　（　空気がふくらみ、空気がもっていた熱が分散したため、温度が下がった。　）

(2) 気圧が下がったときに線香のけむりと水を入れた袋の中で起きた変化について説明しなさい。
　（　(1)により温度が下がり、飽和水蒸気量が減り、水蒸気が水滴になったため中がくもった（雲ができた）。　）

指導事例5　水蒸気の変化と雲のでき方　　59

指導事例 ❻ 物体のいろいろな運動

3年　運動とエネルギー

第1分野　内容（5）　ア(イ)運動の規則性

⑦**運動の速さと向き**　物体の運動についての観察、実験を行い、運動には速さと向きがあることを知ること。

④**力と運動**　物体に力が働く運動及び力が働かない運動についての観察、実験を行い、力が働く運動では運動の向きや時間の経過に伴って物体の速さが変わること及び力が働かない運動では物体は等速直線運動することを見いだして理解すること。

● 深い学びへのメッセージ

多くの人が、「速さ」や向きが変化する物体を見たり、それに乗ったりすると、ウキウキしたりスリルを感じたりします（もちろん苦手な人もいます）。

「速さ」について、単に「単位時間当たりの移動距離」と定義するだけでなく、記録テープを利用して、速さが一定の場合と、運動の向きに力が働いた場合・逆向きに働いた場合の「時間」「距離」「速さ」の関係を可視化して明らかにしていきます。

ここで学んだことは、高校の物理や数学の微分・積分につながっていきます。

1. 物体のいろいろな運動　第1・2時

いろいろな物体の運動の様子を観察して分類する。

①速さだけが変化する運動
②向きだけが変化する運動
③速さも向きも変化する運動
④速さも向きも変化しない運動

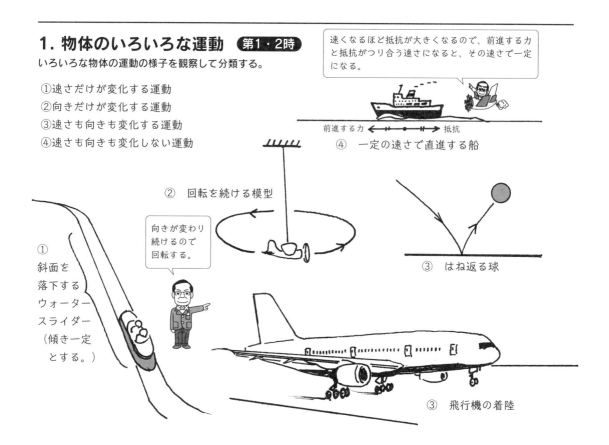

速くなるほど抵抗が大きくなるので、前進する力と抵抗がつり合う速さになると、その速さで一定になる。

④　一定の速さで直進する船

②　回転を続ける模型

向きが変わり続けるので回転する。

①　斜面を落下するウォータースライダー（傾き一定とする。）

③　はね返る球

③　飛行機の着陸

2. 力が働かない物体の運動　第3～5時

力が働かない物体の時間と速さ、時間と距離の関係を導く。

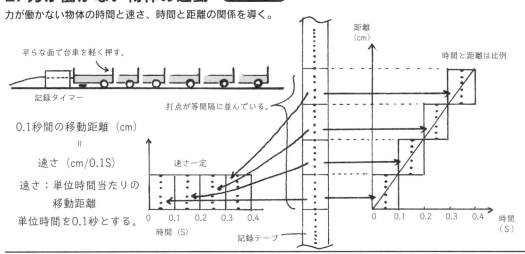

3. 運動の向きに力が働く物体の運動

運動の向きに一定の力が働く物体の運動の時間、速さ、距離の関係を導く。　第6～8時

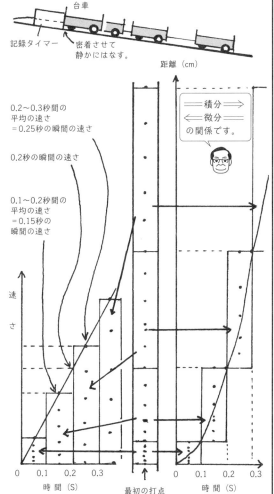

時間と速さは比例　　時間と距離は2乗に比例

4. 運動と逆向きに力が働く物体の運動

運動の向きと逆向きに一定の力が働く物体の運動の時間、速さ、距離の関係を導く。　第9時

重力の斜面方向の分力により、だんだん遅くなる。

→押し上げる力によらず、遅くなる割合は等しくなる。

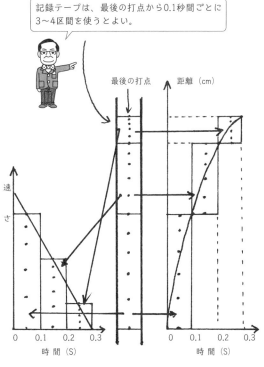

指導事例6　物体のいろいろな運動

指導計画

時	学習内容	学習活動	深い学びへの着眼点
第1・2時	**1. 物体のいろいろな運動** いろいろな物体の運動の様子を観察して分類する。	物体の運動を観察して、速さと向きの変化から分類する。刻々と瞬間の速さは変化しても、一定時間に進む距離を速さとして平均の速さを計算する。	・連続写真から一定時間に移動した距離が大きいほど速いことに気付かせる。このことと、速さの求め方や単位を関係付ける。また、速さの単位は、計算方法を表していることに気付かせる。
第3〜5時	**2. 力が働かない物体の運動** 力が働かない物体の時間と速さ、時間と距離の関係を導く。 （授業展開例1）	物体の運動を記録タイマーで記録する。打点が等間隔の区間について、時間と速さ、時間と距離の関係のグラフを作成して、それぞれの関係を考える。	・記録テープの打点が等間隔の区間について、テープからグラフを作成して、速さが一定のときは時間と距離が比例することに気付かせる。このことが、時間・距離・速さの関係式と一致することを確認させる。 ・なぜ一定の速さで運動できるのか考えさせる。
第6〜8時	**3. 運動の向きに力が働く物体の運動** 運動の向きに一定の力が働く物体の運動の時間、速さ、距離の関係を導く。 （授業展開例2）	斜面を下る台車の運動を記録タイマーで記録する。時間と速さ、時間と距離の関係のグラフを作成して、それぞれの関係を考える。	・記録テープからグラフを作成して、時間と速さは比例すること、時間と距離は二乗に比例することに気付かせる。 ・記録テープの「瞬間の速さ」と「平均の速さ」に気付かせる。
第9時	**4. 運動と逆向きに力が働く物体の運動** 運動の向きと逆向きに一定の力が働く物体の運動の時間、速さ、距離の関係を導く。 （授業展開例3）	運動の向きと逆向きに一定の力が働く物体の運動の記録をとり、運動の向きに一定の力が働く運動とを比べて、時間と速さ、時間と距離の関係を考える。	・この運動の場合、時間と速さ、時間と距離のグラフがどのような形になるか予想させる。 ・一定の力が働いた場合と比較させ、右下がりの直線と放物線を逆向きにした形になることに気付かせる。

育成したい資質・能力

- **知・技** 物体の運動を、速さや向きの変化から分類することができる。速さは、一定時間の移動距離で表せることを知る。また、速さの単位が計算方法を表していることを知り、平均の速さを求めることができる。
- **思・判・表** 速い物体ほど一定時間の移動距離が大きいことと、速さの変化をより詳しく調べるには一定時間を短くして移動距離を調べればよいことに気付く。

- **知・技** 記録テープの打点が等間隔の場所を選び、0.1秒間を一定時間として、時間と速さ、時間と距離の関係のグラフに表すことができる。このような運動を等速直線運動ということを知る。
- **思・判・表** 力が働かない物体の運動では、速さが一定で、時間と距離が比例することに気付く。
- **思・判・表** 一定の速さで運動する物体は、運動を妨げる向きの力を打ち消す力が働いていると推定することができる。

- **知・技** 斜面の位置によらず、重力の斜面方向の分力が運動の向きに働く一定の力であると知る。斜面を下る台車の運動を記録し、記録テープのはじめの打点から0.1秒間を一定時間として、時間と速さ、時間と距離の関係のグラフに表すことができる。
- **思・判・表** 運動の向きに働く力が一定であるとき、一定の割合で速くなることに気付く。グラフの形から、時間と速さは比例し、時間と距離は二乗に比例すると導くことができる。
- **学びに向かう力** 平均の速さと瞬間の速さについて、記録テープが表す0.1秒間の移動距離とその中間の時刻での速さから考えようとする。

- **知・技** 斜面の位置によらず、重力の斜面方向の力が、運動の向きと逆向きに働く一定の力と知る。このときの時間と速さ、時間と距離の関係を、運動の向きに力が働いた場合のグラフの形との違いから見いだす。
- **思・判・表** 斜面上の位置によらず、運動の向きと逆向きに働く力が一定であるとき、一定の割合で遅くなることに気付き、グラフから速くなるときの違いや共通点を見いだす。
- **学びに向かう力** 斜面の傾きが変化しなければ、台車を押し上げる力によらず、時間と速さ、時間と距離の関係のグラフ形が同じ（変化の割合が等しい）ことを重力の斜面方向の力と関連させて考えようとする。

授業展開例 1　力が働かない物体の運動　　第3〜5時

STEP	学習活動	授業の進め方	ワークシート
1 検証計画の立案	1. 学習の**ねらい**を確認する。	**平面上を一定の速さで運動する台車の運動を調べる**ことを伝える。	1. 実験の目的
	2. 力が働かない物体はどのような運動をするか伝える。	動いていても、速さや向きが変わらなければ、物体に力が働いていないことになることを確認する。そこで、速さが変化していない区間について調べることを伝える。	2. 方法
	3. 測定方法を考える。	力を加えて動き出した台車の運動の中で、一定の速さの区間を取り出すことを伝える。	2. 方法 ④
2 観察・実験の実施	4. 実験の準備をする。	台車を動かすことができ、記録タイマーの電源をとれる平らな床面を探す。	
	5. 台車を運動させる実験を行う。	記録タイマーに記録テープを差し込み（テープの長さは30cm程度）台車に取り付ける。台車を軽く押し出す。各自2回行う。	2. 方法 ①〜④
	6. 記録テープをグラフの形に並べて貼る。	記録テープの打点の間隔が一定の場所から、0.1秒間分を3〜4区間切り取り、並べるものとずらすものの2種類の貼り方をして、それぞれグラフにする。ずらしたものは、原点と各テープの右上と左下が接する点をとり、これらの点の並びから原点から右上がりの直線を引くようにする。	3. 結果 (1)(2)
3 結果の処理　考察・推論	7. グラフの軸が表すことを考える。	両方のグラフとも、横軸が時間になる。縦軸について、並べた方は速さ（0.1秒間の移動距離なので、一定時間の移動距離＝速さに相当）、ずらした方は距離になることに気付かせる。	3. 結果 4. 考察
	8. グラフの形から時間・速さ・距離の関係を考える。	グラフの形から、時間によらず速さは一定である、時間と距離は比例することを見いだす。 <u>各自のグラフを見せ合うことで、速いものほど時間と距離の関係のグラフの傾きが大きくなることに気付かせる。</u>	4. 考察　対話

64　3年　運動とエネルギー

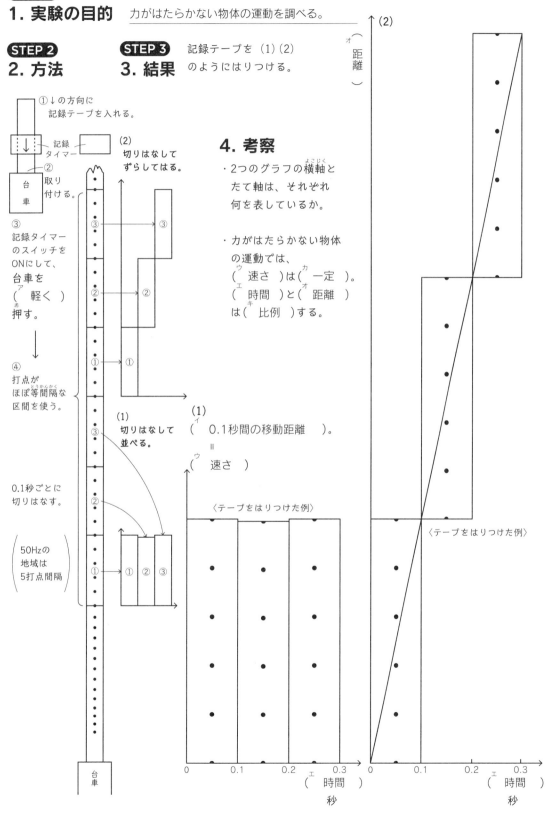

授業展開例2　運動の向きに力が働く物体の運動 — 第6〜8時

STEP	学習活動	授業の進め方	ワークシート
1 検証計画の立案	1. 学習の**ねらい**を確認する。	**運動の向きに力が働く物体の運動を調べる**ことを伝える。	1. 実験の目的
	2. 一定の力を加え続ける方法を考える。	斜面を使えば運動の向きに働く力は重力の分力になり、斜面上のどこでも運動の向きに一定の力が働くことに気付かせる。	2. 方法
	3. 測定方法を考える。	斜面に記録テープを取り付けた台車を置き、静止状態から落下させることを確認する。	2. 方法
2 観察・実験の実施	4. 実験の準備をする。	斜面の長さは1m程度、高さは30cm程度とする。	2. 方法
	5. 台車を運動させる実験を行う。	記録テープの最初の打点から使えるように、台車と記録タイマーを密着させておき、静かに手を離すようにする。各自2回行う。	2. 方法
	6. 記録テープをグラフの形に並べて貼る。	記録テープの最初の打点から、0.1秒間分を3〜4区間切り取り、並べるものとずらすものの2種類の貼り方をして、それぞれグラフにする。	3. 結果
3 結果の処理 考察・推論	7. 記録テープ上にどのように線を引くか考える。	両方のグラフとも横軸が時間、縦軸は、並べた方は速さ、ずらした方は距離を表す。並べた方では、各テープの長さがその区間の平均速度になるので、その時間の中間の瞬間の速さになることに気付かせる。それがわかるよう、原点と各テープの上の中間を結ぶ右上がりの直線を引く。ずらした方は、原点と各テープの右上と左下が接する点をなめらかな曲線で結ぶ。	3. 結果
	8. グラフの形から、時間・速さ・距離の関係を考える。	グラフの形から、時間と速さは比例し、時間と距離は二乗に比例することを見いだす。<u>各自のグラフを見せ合うことで、斜面の傾きの大きいものほど、グラフの傾きが大きくなることに気付かせる。</u>	4. 考察　対話

3年　運動とエネルギー

3年　　組　　番　氏名 _____

STEP 1
1. 実験の目的
運動の向きに一定の力がはたらく運動を調べる。

STEP 2
2. 方法

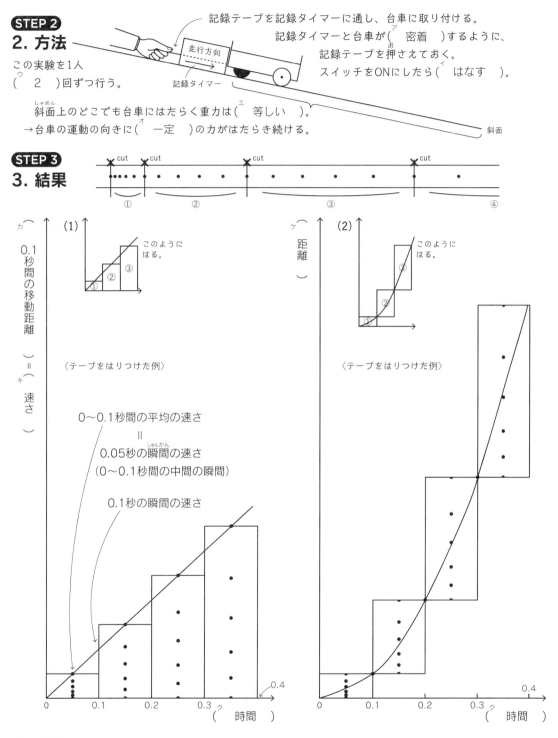

記録テープを記録タイマーに通し、台車に取り付ける。
記録タイマーと台車が（ア 密着 ）するように、記録テープを押さえておく。
スイッチをONにしたら（イ はなす ）。

この実験を1人（ウ 2 ）回ずつ行う。

斜面上のどこでも台車にはたらく重力は（エ 等しい ）。
→台車の運動の向きに（オ 一定 ）の力がはたらき続ける。

STEP 3
3. 結果

(1) カ（ 0.1秒間の移動距離 ）=（キ 速さ ）

0〜0.1秒間の平均の速さ
＝
0.05秒の瞬間の速さ
（0〜0.1秒間の中間の瞬間）

0.1秒の瞬間の速さ

（ク 時間 ）

(2) ケ（ 距離 ）

（ク 時間 ）

4. 考察
（ク 時間 ）と（キ 速さ ）は（コ 比例 ）する。（ク 時間 ）と（ケ 距離 ）は（サ 二乗に比例 ）する。
平均の速さや瞬間の速さは、グラフの中にどう表れているか。

授業展開例3　運動と逆向きに力が働く物体の運動　——第9時

STEP	学習活動	授業の進め方	ワークシート
1 検証計画の立案	1. 学習の**ねらい**を確認する。	**運動の向きと逆向きの力が働く物体の運動を調べる**ことを伝える。	1. 実験の目的
	2. 一定の力を加え続ける方法を考える。	斜面を使えば、運動の向きと逆向きに働く力は重力の分力になり、斜面上のどこでも運動の向きと反対向きに一定の力が働くことに気付かせる。	2. 方法
	3. 測定方法を考える。	斜面に記録テープを取り付けた台車を置き、台車を押し上げ、静止するまでの運動を記録することを確認する。	2. 方法
2 観察・実験の実施	4. 実験の準備をする。	斜面の長さは1m程度、高さは30cm程度とする。	2. 方法
	5. 台車を運動させる実験を行う。	記録テープの最初の打点から使えるように、台車と記録タイマーを密着させておき、静かに手を離すようにする。各自2回行う。	2. 方法
	6. 記録テープをグラフの形に並べて貼る。	記録テープの最初の打点から、0.1秒間分を3〜4区間切り取り、並べるものとずらすものの2種類の貼り方をして、それぞれグラフにする。	3. 結果
3 結果の処理 考察・推論	7. 記録テープ上にどのように線を引くか考える。	両方のグラフとも横軸が時間、縦軸は、並べた方は速さ、ずらした方は距離を表す。並べた方では、各テープの長さがその区間の平均速度になるので、その時間の中間の瞬間の速さになることに気付かせる。それがわかるよう、各テープの上の中間を結ぶ右下がりの直線を引く。ずらした方は、原点と各テープの右上と左下が接する点をなめらかな曲線で結ぶ。	3. 結果
	8. 斜面を下る運動と比較する。	各自のグラフを見せ合うことで、<u>斜面を下るときと向きが違っていることや、斜面の傾きの大きいものほどグラフの傾きが大きいことに気付かせる</u>。	4. 考察　対話

68　3年　運動とエネルギー

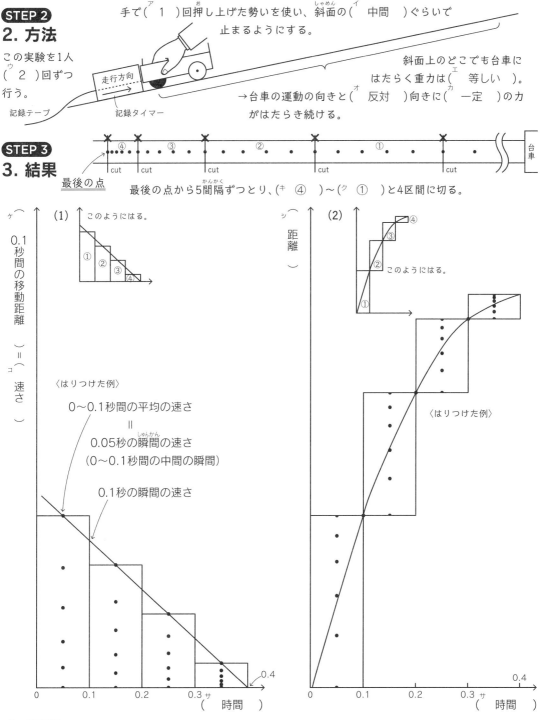

指導事例 ❼ 地球の運動と天体の動き

3年 地球と宇宙

> **第2分野 内容（6） ア（ア）天体の動きと地球の自転・公転**
> ⑦**日周運動と自転** 天体の日周運動の観察を行い、その観察記録を地球の自転と関連付けて理解すること。
> ④**年周運動と公転** 星座の年周運動や太陽の南中高度の変化などの観察を行い、その観察記録を地球の公転や地軸の傾きと関連付けて理解すること。
> **（イ）太陽系と恒星**
> ⑨**月や金星の運動と見え方** 月の観察を行い、その観察記録や資料に基づいて、月の公転と見え方を関連付けて理解すること。（以下省略。）

● 深い学びへのメッセージ

　宮沢賢治の「銀河鉄道の夜」は、天体の授業の様子から始まります。その授業の中では、美しい天の川の図が出てきます。中学校の天体の学習では、地球が動いていることにより、天体がどのような規則性で動いて見えるかが大きなテーマです。太陽の1日の動きを記録することから、北極星を中心とする天体の動きがわかります。この天動説的な地球からの見え方の規則性が、地動説の太陽、地球、星座の方向の関係と一致するようになります。このように、一つのことがわかると、いろいろなことが関連付けられ、学びが深まっていきます。

1. 天体の位置の表し方　第1・2時

太陽の方向から時刻や四方位を表す。

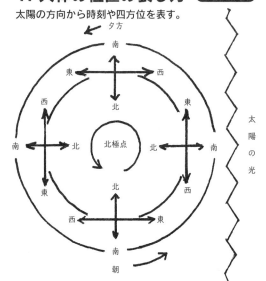

地球が自転しているので、地球上から見ている方位は1日で1周する。
→昼の南と夜中の南は反対方向
　太陽の方向は朝は東、昼は南、夕方は西。

2. 地球の自転と天体の動き　第3～5時

太陽や天体の動きの規則性を見いだす。

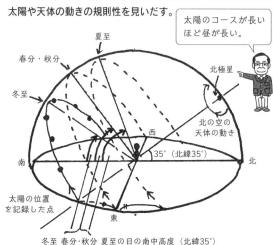

太陽のコースが長いほど昼が長い。

冬至　春分・秋分　夏至の日の南中高度（北緯35°）
31.6°　55°　78.4°

冬至の日の太陽の動きから、春分・秋分、夏至の日の太陽の動きが推定できる。
→昼の時間の変化　南中高度の変化
　太陽の動きと平行に動く天体の動き
→北極点を中心とする天体の動き

3. 地球の公転と見える星座の移り変わり・季節の変化 第6～8時

地球の公転により見える星座や季節に変化が起きることを見いだす。

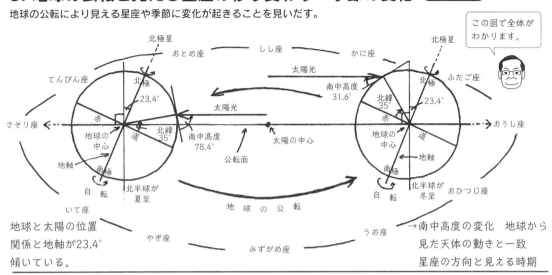

この図全体がわかります。

地球と太陽の位置関係と地軸が23.4°傾いている。

→南中高度の変化 地球から見た天体の動きと一致
星座の方向と見える時期

4. 月の満ち欠け 第9・10時

月の見え方について知る。

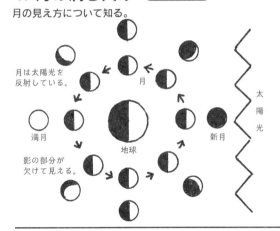

月は太陽光を反射している。
影の部分が欠けて見える。

5. 日食と月食 第11・12時

日食・月食の起きる仕組みを知る。

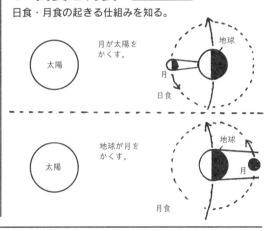

6. 惑星の見え方 第13・14時

太陽と地球の位置関係から惑星（金星）の見え方を説明する。

よいの明星の時期から見えない日を経て明けの明星の時期になる。

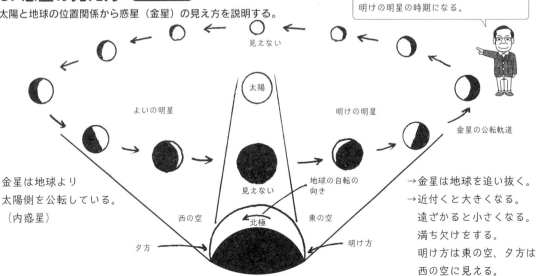

金星は地球より太陽側を公転している。（内惑星）

→金星は地球を追い抜く。
→近付くと大きくなる。
 遠ざかると小さくなる。
 満ち欠けをする。
 明け方は東の空、夕方は西の空に見える。

指導事例7 地球の運動と天体の動き

● 指導計画

時	学習内容	学習活動	深い学びへの着眼点
第1・2時	**1. 天体の位置の表し方** 太陽の方向から地球面上のいろいろな地点の時刻と四方位を表す。	地球に太陽の光が当たる部分と地球の自転との関係から、いろいろな地点の時刻を考える。 太陽の方向から、地球面上の四方位を考える。	・地球が自転しているので、地上から見る方位が1日で一周することに気付かせる。太陽が東からのぼり、南中して西に沈むことから、太陽の方向を基に球面上の四方位を考えさせる。
第3〜5時	**2. 地球の自転と天体の動き** 地球から見える太陽や天体の動きの規則性を見いだす。 ● 授業展開例1	透明半球上に1日の太陽の動きを記録する。 観察した日の太陽の動きから、春分・秋分、冬至・夏至の日の太陽の動きを推定する。 各方位の天体が太陽の動きと同じきまりで動いているように見えることを知る。 天体の動きの利用例を考える。	・太陽の動きの記録から、日の出・日の入りの位置が、冬は南より、夏は北より、春分・秋分の日は真東からのぼり真西に沈むので、透明半球上に平行に太陽の動きが表現できることに気付かせる。このことと、各方位の天体の動きとを関連させる。天体の動きで位置や時刻がわかることに気付かせる。
第6〜8時	**3. 地球の公転と見える星座の移り変わり・季節の変化** 地球の公転によって見える星座の移り変わりや季節の変化が起きることを見いだす。 ● 授業展開例2	地球、太陽、星座の位置関係から、地球が公転するにしたがい、見える星座や太陽高度・昼の長さが変化することをモデルによる観察や作図によって考える。	・黄道12星座の方向を示した中の中心に光源（太陽）を置き、その周りを地球のつもりになって一周することで、季節による星座の見え方を体験的に学習する。また、季節の変化も含めて、地球、太陽、星座の位置関係を作図して、幾何的手法を使って見いだすことができる。

育成したい資質・能力

- **知・技** 太陽の光が当たる部分と地球の自転との関係から、地球上のいろいろな場所の四方位と時刻をとらえる。
- **思・判・表** 北極側から見た図で地球面上から見たときの四方位をとらえる。地球が自転することで、地球上での方位は1日で一周することに気付く。

- **知・技** 透明半球を使って冬至の太陽の動きを記録することができる。それぞれの日の南中高度や観測地点の緯度をとらえ、昼の時間を求めることができる。冬至の太陽の動きから、春分・秋分、夏至の日の太陽の動きを推定することができる。
- **思・判・表** 太陽の動きもそのほかの天体の動きも、北極星を中心としていることに気付く。
- **学びに向かう力** 天体の観測から時刻や位置を求めている例を調べようとしている。

- **知・技** 太陽、地球、星座の位置関係から、1年間の星座の移り変わりや季節の変化を説明することができる。太陽、地球、星座の位置関係を作図して、季節による南中高度の違いや見える星座の違いを求めることができる。
- **思・判・表** 前の季節や今の季節、次の季節の星座の見え方の規則性を見いだす。
- **学びに向かう力** 日頃から関心をもって星座を観察し、その見え方から季節の変化を感じ取ることができる。

時	学習内容	学習活動	深い学びへの着眼点
第9・10時	**4. 月の満ち欠け** 月の見え方について、太陽、地球、月の位置関係から説明する。	球（月）を持って回転しながら、電球（太陽）の周りを歩くモデル実験を行い、球の明るい部分の見え方の変化を記録し、実際の月の見え方の記録と一致することを確認する。このことから、月の満ち欠けの形と、太陽、地球、月の位置関係を見いだし、図にまとめる。	・モデル実験から、月の満ち欠けの形と、太陽、地球、月の位置関係が見いだせるようにする。この体験と、実際の月の観察記録が一致することを確認させるようにする。 ・モデル実験により体験的にとらえた位置関係を、図にまとめられるようにする。
第11・12時	**5. 日食と月食** 日食や月食が、太陽と月と地球の位置関係で生じることを知る。	球（月）を持って回転しながら、電球（太陽）の周りを歩くモデル実験から、日食や月食が起こることを体験する。また、公転面が互いに傾いているため、頻繁に日食や月食が起きないことを確認する。	・実際の日食や月食の映像を見せて関心をもたせる。その上で、モデル実験を行うようにする。今後の日食や月食の日時、場所を伝え、より関心をもたせるようにする。
第13・14時	**6. 惑星の見え方** 惑星の見え方を、太陽と地球との位置関係で説明できるようにする。 （授業展開例3）	電球（太陽）の周りを回る球（惑星）を回転（地球の自転）しながら見るモデル実験を行う。このときの見え方を、太陽、惑星、地球の位置関係の図にまとめる。	・惑星の映像を見せたり、見える時刻を伝えたりして、実際の惑星を見るようにする。その上で、モデル実験を行う。普段から惑星を見ることにより、その周期性を生活に生かせることを伝える。

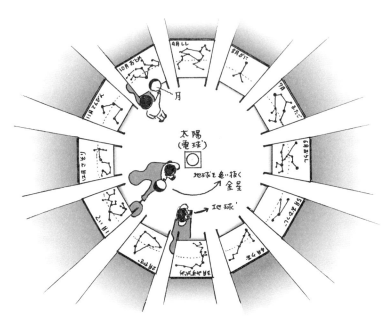

黄道12星座を掲示した部屋でのモデル実験

育成したい資質・能力

- 知・技 太陽、地球、月の位置関係と月の満ち欠けの関係をモデル実験で再現し、実際の見え方と一致することを確認することができる。
- 思・判・表 太陽、地球、月の位置関係と月の満ち欠けの関係を、図にまとめて説明することができる。
- 学びに向かう力 これからの月の見え方を予想したり、普段から月を見ようとしたりする。

- 知・技 日食や月食が、太陽、地球、月の位置関係によって起きることを知る。
- 思・判・表 地球の公転面と月の公転面が互いに傾いているため、普段は日食や月食が起こらないことを説明することができる。
- 学びに向かう力 今後の日食、月食の日時、場所を知り、関心をもつ。

- 知・技 太陽、地球、金星の位置関係と金星の満ち欠け、大きさの変化を、模型で再現したり図に表すことができる。
- 思・判・表 太陽、地球、金星の位置関係と公転周期から、金星の満ち欠け、大きさの変化の仕組みを図に表して、説明することができる。
- 学びに向かう力 惑星の見え方に関心をもち、普段から観察を心がけ、その中で見いだした周期性を生活に生かそうとする。

授業展開例 1　地球の自転と天体の動き　　第3〜5時

STEP	学習活動	授業の進め方	ワークシート
1 検証計画の立案	1. 学習のねらいを確認する。	**冬至の日は昼の時間が最も短いことから、当日の太陽の動きを観察して、その結果を基に1年の太陽の動きを推定する**ことを伝える。（冬至に近い日にこの授業を行う。）	1. 観察の目的
	2. 空のイメージの話し合い、太陽の動きを記録する方法を知る。	空のイメージについて考えさせる。 「自分の頭上が高く感じられる（天頂）」〔対話〕 「太陽が東から登り、西に沈む」 これらから空を表すものとして透明半球を使うことを説明する。	
	3. 透明半球を使う観察の準備をする。	台紙に透明半球を貼り付ける前に円を描き、十字と東西南北の方位を記してから、透明半球を貼り付ける。	2. 方法 (1)(2)
2 観察・実験の実施	4. 透明半球を観測場所に置く。	太陽の光が当たり、東西南北のいずれかの方向の目安がある場所（床の線が東西方向等）に透明半球を置く。このとき、目安になる線は方位磁針が示す方向と正確に一致していなくてもよい。	2. 方法 (3)
	5. 透明半球に太陽の位置を記録する。	透明半球にペン先の影が台紙の中心に触れたところの印を付けていく。	2. 方法 (3)(4)
	6. 透明半球を日の当たる場所に移動する。	休み時間や昼休みを利用して、太陽の位置を記録する。1日に5、6回記録できるとよい。日の当たる場所が移動するのに伴い、透明半球も移動するが、はじめに決めた方向の基準になる線とずらさないようにする。	2. 方法 (4)
	7. 観測した日（冬至）の太陽の動きを線で結ぶ。	〈ここからは次の授業〉 透明半球に書いた方位は必ずしも正確ではない。そこで、台紙から外して、折りたたんだ細長い紙を利用し、点の並びから太陽の動きを推定する線を透明半球上になめらかに描くことにより、その線が一番高くなっているところを南として、台紙に貼り直す。	2. 方法 (5)(6)

3年　地球と宇宙

STEP 1
1. 観察の目的　太陽の動きの観察とその結果の利用

STEP 2
2. 方法

(1)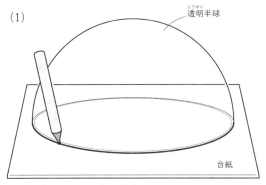

台紙の上に透明半球をのせて円をかく。

(2)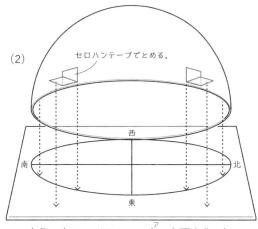

直角に交わる円をかいて（ア　東西南北　）を表し、透明半球をのせる。

(3)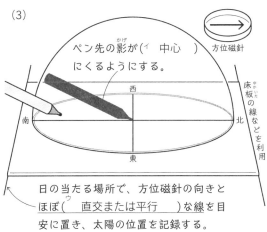

日の当たる場所で、方位磁針の向きとほぼ（ウ　直交または平行　）な線を目安に置き、太陽の位置を記録する。

(4)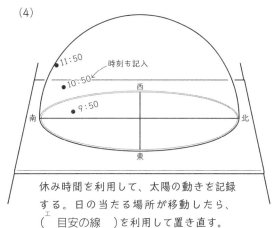

休み時間を利用して、太陽の動きを記録する。日の当たる場所が移動したら、（エ　目安の線　）を利用して置き直す。

(5)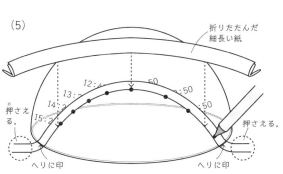

1日記録した透明半球を台紙から（オ　はずして　）、折りたたんだ細長い紙を記録した点を結ぶように置き、点と点を（カ　なめらか　）に結び、へりに（キ　印　）をつける。
→この線が（ク　太陽の動き　）の記録。

(6)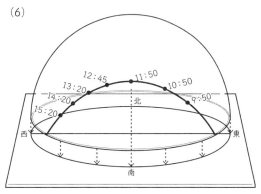

（ク　太陽の動き　）の線が最も（ケ　高く　）なった方向が（コ　南　）になるように、透明半球を台紙の上にのせ直す。
※はじめにのせた位置とずれてもよい。

	8. 冬至の日の太陽の動きの記録から春分・秋分の日の太陽の動きを推定する。	春分・秋分の日は太陽が真東からのぼり、真西に沈むことから、観測した日（冬至）の太陽の動きの記録を真東・真西に平行移動することで、春分・秋分の日の太陽の動きを推定して透明半球に記入する。	2. 方法(7)
	9. 春分・秋分の日の太陽の動きから夏至の日の太陽の動きを推定する。	冬至の日と春分・秋分の日の太陽の動きの違いから夏至の日の動きを推定させる。 →冬至の日が南よりにずれているのと同じ分だけ北よりにずらす。 この動きを推定して透明半球に記入する。	2. 方法(8)
3 結果の処理 考察・推論	10. 冬至の日、春分・秋分の日、夏至の日の南中高度を求める。	谷型分度器を使って、太陽の動きの一番高くなっているところの角度を測定し、それぞれの日の南中高度とする。	3. 結果
	11. 作図をして観測地の緯度と北極星の方向を求める。	ワークシートの例を参考に作図をして、観測地の緯度と北極星の方向を求める。このようなことが、現在地を知るために役立つことに気付かせる。	4. 考察作図
	12. 冬至の日と夏至の日の昼の長さを求める。	春分・秋分の日の昼の長さを12時間として、折りたたんだ細長い紙のへりからへりの長さで割り算することで1時間当たりの紙の長さを計算し、それぞれの日の昼の長さを求める。	4. 考察
	13. 南半球の太陽の動きを推定する。	作図の下半分は、南半球を表していることに気付かせる。	4. 考察作図

(7)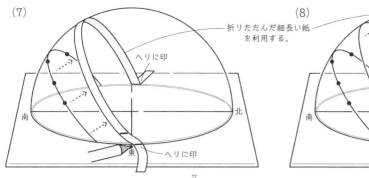

太陽の動きの線と平行になる線を(サ 真東)から(シ 真西)に合わせてかく。へりにも印をつける。

(8)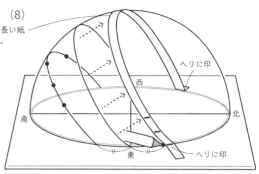

太陽の動きと真東・真西から平行にかいた線と(ス 同じだけ)北よりにずらした平行な線をかき、へりに印をつける。

STEP 3
3. 結果

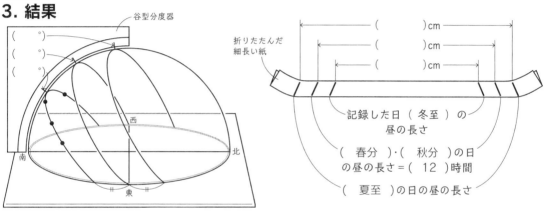

記録した日（冬至）の昼の長さ

(春分)・(秋分)の日の昼の長さ＝(12)時間

(夏至)の日の昼の長さ

記録した日（冬至）の南中高度（　　　°）
春分・秋分の日の南中高度（　　　°）
夏至の日の南中高度（　　　°）

4. 考察

(1) 右の図は、東を正面にした天球の断面である。この図に、夏至、春分・秋分、夏至の日の南中高度を記入し、作図によって、観測地の緯度と、北極星の方向を表しなさい。

(2) 折りたたんだ細長い紙の記録を使って、冬至の日と夏至の日の昼の長さを求めなさい。
〈ヒント〉春分・秋分の日の昼の長さは12時間。
1時間当たり何cmか求める。
冬至（　　時間　　分）
夏至（　　時間　　分）

(3) 右の図の中のどこに南半球での南中高度や経緯が表れているか。

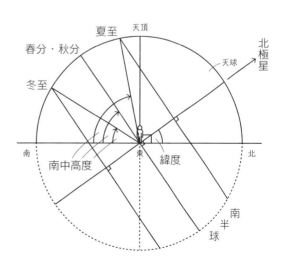

授業展開例② 地球の公転と見える星座の移り変わり・季節の変化 ― 第6～8時

STEP	学習活動	授業の進め方	ワークシート
1 検証計画の立案	1. 学習のねらいを確認する。	季節の星座の例を挙げさせ、これらの**星座の見え方の法則性を太陽、地球、星座との位置関係において考える**と伝える。	
	2. この学習に関係する基礎事項を確認する。	地球は太陽の周りを反時計回りで1年で公転し、1日で自転している。昼の太陽の方向が南、夜は反対の方向が南。朝の太陽の方向が東、夕方の太陽の方向が西。東からのぼり、西に沈むように見えることを確認する。	左上の基礎事項確認欄 地球の上の方位の記入
	3. 黄道12星座について知る。	太陽と地球を結ぶ公転面の延長線にある星座を黄道12星座ということを伝える。教科書等の図を見ながら、黄道12星座の「月」に夜、その星座が見えるかどうか考えさせる。 →太陽の方向にあるので見えない。	
2 観察・実験の実施	4. 太陽、地球、黄道12星座の位置関係を確認する。	黄道12星座を周囲に掲示し、中央に豆電球の太陽がある部屋の中に入り、自分が地球になり、反時計回りに自転しながら公転する。太陽が東からのぼり、南を通り、西に沈むことを確認する。	P74の図のような部屋で行う
	5. 星座の見え方に気付く。	観察している月の星座は太陽の方向なので見えず、6か月ずれた星座が夜見えていることや、公転するにしたがい見える星座が変化していくこと等に気付かせる。	同上
	6. ワークシートに星座の見え方を記入する。	黄道12星座の方向と見える位置を記入し、どちらも同じ順で並んでいることに気付かせる。	黄道12星座名の記入
3 結果の処理 考察・推論	7. 黄道12星座の見える日時の法則性に気付く。	黄道12星座が同じ位置に見える時刻が、1か月当たり2時間ずつ早くなることから、星座の見える位置や日時を図示したり、法則性をまとめることができるようにする。	考察 深い学び

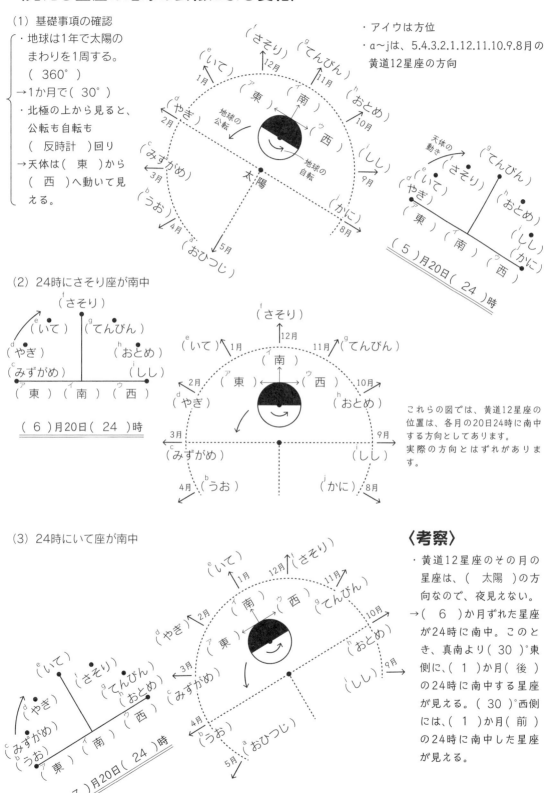

授業展開例 ③ 惑星の見え方　　　　第 13・14 時

STEP	学習活動	授業の進め方	ワークシート
1 検証計画の立案	1. 学習の**ねらい**を確認する。	夕方の西や明け方の東の空に明るい星を見たことはないかと聞き、恒星ではなく惑星であることを伝え、**惑星の見え方の法則性を太陽、地球との位置関係において考える**と伝える。	対話
	2. この学習に関係する基礎事項を確認する。	朝の太陽の方向が東、夕方の太陽の方向が西。 金星（内惑星）は地球より公転周期が短いので、地球に近付き、追い越す。 このことから、地球から見て様々な位置があることを確認する。	(1) ア〜コ
	3. 地球と金星の太陽の光が当たる面を確認する。	ワークシートに地球と金星の太陽の光が当たる部分を記入し、地球上での朝、昼、夕の区別を記入する。	(1) イ エ ケ コ
2 観察・実験の実施	4. 太陽、地球、金星の位置関係を確認する。	中央に豆電球の太陽がある部屋の中に入り、自分が地球になり、反時計回りに自転しながら公転する。太陽が東からのぼり、南を通り、西に沈むことを確認する。金星は、地球より内側を公転する。	(2) (3) P74 の図のような部屋で行う
	5. 金星の見え方を観察する。	金星に見立てた白い球を反時計回りに太陽に添って回らせ、朝か夕方、東か西に見えることや、近付くと大きくなり、近いほど大きく欠けて見えることを体験する。	同上
	6. ワークシートに金星の見え方を記入する。	体験を基に、地球と金星の位置関係において、見える時間、方向、大きさ、欠け方、方位をワークシートに記入する。	金星の見える形の記入
3 結果の処理 考察・推論	7. 金星の見える日時の法則性に気付く。	<u>金星の見え方の規則性をまとめ、体験したことと、図からわかることが一致することを確認する。</u>	見え方の規則性のまとめ 深い学び

82　3 年　地球と宇宙

3年　　組　　番　氏名

〈金星の見え方〉

(1) 基礎事項の確認

太陽は(ア 東)からのぼる。…(イ 朝)の太陽の方向＝(ア 東)
太陽は(ウ 西)に沈む。…(エ 夕方)の太陽の方向＝(ウ 西)
地球や金星の公転の向きは(オ 反時計)回り
金星は(カ 内)惑星
→地球より公転周期が(キ 短い)。

金星は地球に近付き、追いこして遠ざかる。
→地球から見ると金星の
(ク さまざま)な位置がある。

ここにいる人は(ケ 昼)
ここにいる人は(エ 夕方)
ここにいる人は(イ 朝)
ここにいる人は(コ 夜)

(2) 金星が見える位置関係と見える方向・時間

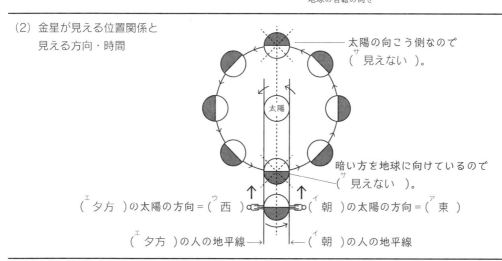

太陽の向こう側なので(サ 見えない)。
暗い方を地球に向けているので(サ 見えない)。
(エ 夕方)の太陽の方向＝(ウ 西)　(イ 朝)の太陽の方向＝(ア 東)
(エ 夕方)の人の地平線　(イ 朝)の人の地平線

(3) 金星の満ち欠け

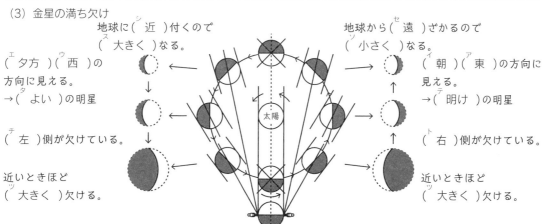

地球に(シ 近)付くので(ス 大きく)なる。
(エ 夕方)(ウ 西)の方向に見える。
→(タ よい)の明星
(チ 左)側が欠けている。
近いときほど(ツ 大きく)欠ける。

地球から(セ 遠)ざかるので(ソ 小さく)なる。
(イ 朝)(ア 東)の方向に見える。
→(テ 明け)の明星
(ト 右)側が欠けている。
近いときほど(ツ 大きく)欠ける。

指導事例7　地球の運動と天体の動き　83

指導事例 ⑧ エネルギーと仕事

3年　科学技術と人間

第１分野　内容（7）ア（ア）エネルギーと物質
㋐エネルギーとエネルギー資源　様々なエネルギーとその変換に関する観察、実験などを通して、日常生活や社会では様々なエネルギーの変換を利用していることを見いだして理解すること。（以下省略。）

● 深い学びへのメッセージ

「エネルギーと仕事」は、日常生活で体験していることや社会的な課題について、科学的に考察する内容です。これまでの理科の実験は科学の基本的な法則性を導くために、単純化・理想化しているものが多かったため、同じ条件なら同じ結果を求められてきました。しかし、ここで扱う摩擦力やエネルギー変換に関する実験は、より現実の例に近く、これまでのようにはなりません。現実に近い分、生徒は関心をもって取り組むと思いますが、その後の考察には粘り強さが必要です。ぜひここで、様々な結果から傾向を見いだし、社会的な課題と関連付けられるような授業を行ってください。

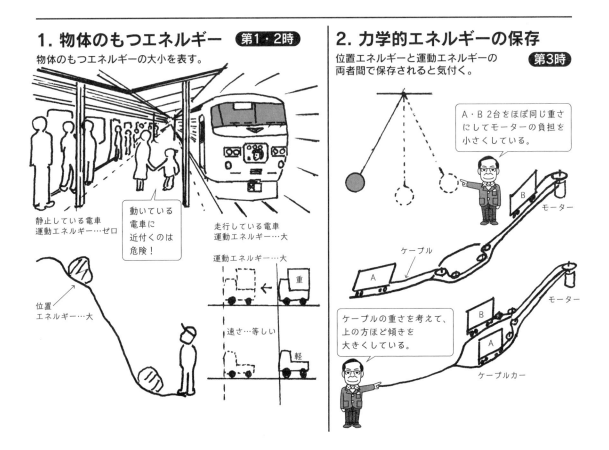

1. 物体のもつエネルギー　第1・2時
物体のもつエネルギーの大小を表す。

2. 力学的エネルギーの保存　第3時
位置エネルギーと運動エネルギーの両者間で保存されると気付く。

3. 仕事と力学的エネルギー 【第4・5時】 力学的エネルギーを仕事で表す。

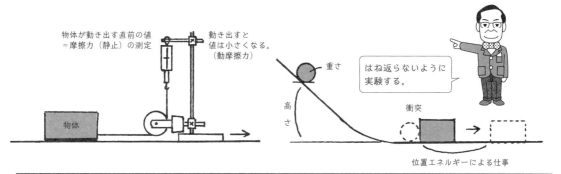

4. 仕事の原理と仕事率 【第6・7時】
仕事の原理を知り、仕事や仕事率を求める。

5. エネルギーの移り変わり 【第8・9時】
エネルギーは、様々に変換して利用している。

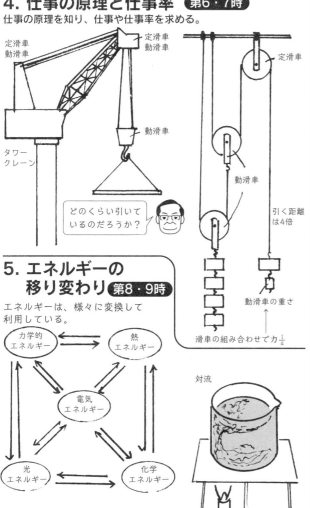

6. エネルギーの保存と変換効率 【第10・11時】
エネルギーの総量は保存されていることと、利用できるエネルギーへの変換効率を考える。

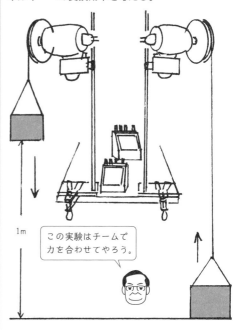

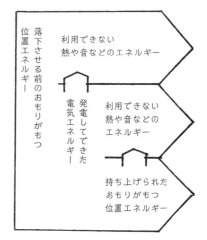

指導事例8 エネルギーと仕事

● 指導計画

時	学習内容	学習活動	深い学びへの着眼点
第1・2時	**1. 物体のもつエネルギー** 物体のもつエネルギーの大小を表す。	物体のもつエネルギーをほかの物体へ与える影響の視点から考える。	・大きなエネルギーをもつ物体は、質量が大きく、速かったり、高いところにあったりして、ほかの物体への影響が大きいことに気付かせる。
第3時	**2. 力学的エネルギーの保存** 位置と運動エネルギーの両者間で保存されることに気付く。	ジェットコースターや振り子などの例で、位置エネルギーと運動エネルギーの移り変わりを考える。	・高い位置にあった物体が落下すると、位置エネルギーが運動エネルギーに変化することに気付かせ、両者間でエネルギーの変化が繰り返されていれば、力学的エネルギーが保存され運動が続くことに気付かせる。
第4・5時	**3. 仕事と力学的エネルギー** 力学的エネルギーを仕事で表す。 ●授業展開例1・2	加えた力と動いた距離から仕事量を測定する。位置エネルギーとできる仕事量の関係を調べる。	・面の上の物体を動かすのに必要な力を測定し、それが摩擦力であることに気付かせる。 ・高さや重さを変えて落下させ、衝突した物体が動いた距離を測定することで、位置エネルギーの大きさを仕事で測定する。
第6・7時	**4. 仕事の原理と仕事率** 仕事の原理を知り、仕事や仕事率を求める。 ●授業展開例3	小さい力で大きい力とつり合わせる。仕事とかかった時間との関係を考える。	・動滑車と定滑車を使い小さい力と大きい力をつり合わせる。小さい力ほど引く距離が長くなることから、仕事の原理を導く。 ・短時間で行うほど効率がよいので、仕事÷時間で仕事率が求められることに気付かせる。
第8・9時	**5. エネルギーの移り変わり** エネルギーは、様々に変換して利用している。	エネルギーを変換しながら利用していることや、熱エネルギーに変換される場合を考える。	・利用しているエネルギーについて、どのように変換されてきたのか、また、利用できないエネルギーの発生について考える。 ・熱のエネルギーが拡散していく様子について例を挙げて分類する。
第10・11時	**6. エネルギーの保存と変換効率** エネルギーの総量は保存されていることと、利用できるエネルギーへの変換効率を考える。 ●授業展開例4	エネルギーを段階的に転換していくときの各段階での利用するエネルギーへの効率と、効率を高める工夫を考える。	・位置エネルギーから電気エネルギー、さらに位置エネルギーにするときの各段階での利用するエネルギーへの変換効率を求め、段階的に変換効率が下がり、利用できないエネルギーの割合が増えることに気付かせる。利用できないエネルギーの発生源を見つけ、変換効率を上げる工夫を考えて発表する。

育成したい資質・能力

- **知・技** 質量が大きく、速かったり高い位置にあったりする物体は運動エネルギーや位置エネルギーが大きいことを知り、物体の状態からそれらを分類できる。
- **思・判・表** 実験結果や身近な例から、上記のような物体は、ほかの物体へ与える影響が大きいことから大きなエネルギーをもつことに気付く。

- **知・技** 身近な運動を例にして、位置エネルギーを最大・最小にしたときや、運動エネルギーを最大・最小にしたときの位置がわかり、両者間で変化を繰り返していて、両者の合計は保存されていることを知る。
- **思・判・表** 物体の位置や速さの変化について、位置エネルギーと運動エネルギーの割合が変化することと関連させて説明することができる。
- **思・判・表** 物体の停止が、ほかのエネルギーに変化したため起きたと推定できる。

- **知・技** 面と物体の間の摩擦力の測定や、位置エネルギーをもつ物体がする仕事を測定することができる。
- **思・判・表** 実験結果から、摩擦力が大きいと物体を動かす仕事が大きくなることや、大きな力学的エネルギーをもつ物体は大きな仕事ができることに気付く。
- **思・判・表** 摩擦力を小さくすれば仕事が少なくなることに気付く。

- **知・技** 力を小さくした分、距離が長くなるので仕事は変化しないことを知り、大きな力と小さな力とつり合わせ、仕事や仕事率の計算ができる。
- **思・判・表** 力と距離は反比例するので仕事量は変化しないことに気付く。
- **学びに向かう力** 仕事率と関連させ最も効率的な道具の使い方を考えようとする。

- **知・技** 日常生活でいろいろなエネルギーを変換して利用していることを図にまとめ、エネルギー変換の過程で利用できないエネルギーが増えていくことを知る。
- **思・判・表** エネルギー変換の過程で利用できないエネルギーとして熱が発生し、拡散していっていることに気付くことができる。
- **学びに向かう力** 利用できない熱のエネルギーを減らす工夫を考えようとする。

- **知・技** エネルギー変換効率を求める実験を行い、エネルギーの総量は保存されているが、変換するたびに利用できないエネルギーが発生しており、変換効率が低下していることを知る。
- **思・判・表** エネルギーが変換されるたびに、利用できないエネルギーに変換される割合が増え、変換効率が低下していくことに気付く。
- **学びに向かう力** 変換効率を高める工夫を考えようとする。

授業展開例1　仕事と力学的エネルギー①【発展】　——第4・5時

STEP	学習活動	授業の進め方	ワークシート
1 検証計画の立案	1. 学習の**ねらい**を確認する。	**重さや面の状態と摩擦の関係を調べる**ことを伝える。	1. 実験の目的
	2. 摩擦の違いが何によって起きるか話し合う。	経験から、重い物を動かすときや、面の状態によって摩擦が変化することに気付かせ<u>摩擦の規則性は何によるのか予想させる。</u>〔対話〕	2. 方法
	3. 測定方法を伝える。	物体にひもを付け、定滑車を使い、水平に引く力を下に引く力に変えてばねはかりにつなぐ。物体を静かに引き、動き出す直前のばねはかりの値を読んで摩擦力を測定することを伝える。	2. 方法
2 観察・実験の実施	4. 実験の準備をする。	摩擦力は物体の下面と接触面の間に働く力なので、物体を引くひもはできるだけ低い位置にする。物体からのひもと定滑車でばねはかりとつなげたひもは垂直にする。	2. 方法
	5. 摩擦力の測定をする。	机の面で物体のみとおもりをのせて動かした場合を測定し、次に物体をざらざらした厚紙の上にのせて同様の測定を行う。	3. 方法
	6. 結果をまとめる。	ワークシートにそれぞれの場合の垂直抗力、動き出す直前のばねはかりの値の記入と同値の平均を求める。	3. 結果
3 結果の処理　考察・推論	7. 静止摩擦係数を求める。	ワークシートの計算を行い、<u>互いの結果を発表し合い、動き出す直前のばねはかりの値の平均÷垂直抗力が重さによらず、同じ面であれば一定なことに気付かせる。</u>〔対話〕	4. 考察
	8. 摩擦の規則性をまとめる。	計算した値は、「静止摩擦係数」だと伝え、この値が大きいほど摩擦の大きい面であることに気付かせる。また、<u>実験中の観察から、動き出すと摩擦力が小さくなることを確認し、日常生活の経験と関連させる。</u>〔深い学び〕	4. 考察

3年　組　番　氏名

STEP 1
1. 実験の目的
重さや面の状態と摩擦の関係を調べる。

STEP 2
2. 方法

おもりは物体の上にのせる。
ひもは（ア　垂直　）になるようにする。

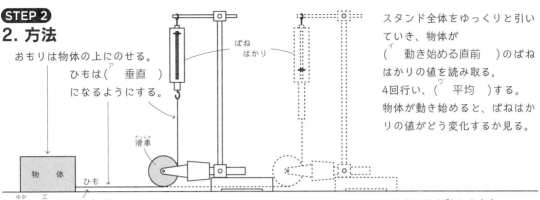

スタンド全体をゆっくりと引いていき、物体が（イ　動き始める直前　）のばねはかりの値を読み取る。
4回行い、（ウ　平均　）する。
物体が動き始めると、ばねはかりの値がどう変化するか見る。

床と（エ　平行　）でなるべく低くする。　　→　スタンドを動かす方向
机の面で実験したら物体を（オ　厚紙　）にのせて行う。どちらの面の摩擦が大きいか調べる。

STEP 3
3. 結果

平均÷垂直抗力 ＝（静止摩擦係数）

下記は結果例です

面を垂直に押す力 ＝

(1) 机の面と物体の間の摩擦

| | 物体が動き出す直前のばねはかりの値（N） ||||| 垂直抗力（N） | （静止摩擦係数） |
	1回	2回	3回	4回	平均		
物体のみ	0.26	0.24	0.25	0.25	0.25	物体の重さ 0.58	0.43
物体の上に（2.5）Nのおもり	1.27	1.28	1.26	1.28	1.27	物体＋おもりの重さ 3.08	0.41

(2) 厚紙と物体の間の摩擦

| | 物体が動き出す直前のばねはかりの値（N） ||||| 垂直抗力（N） | （静止摩擦係数） |
	1回	2回	3回	4回	平均		
物体のみ	0.30	0.31	0.32	0.31	0.31	物体の重さ 0.58	0.53
物体の上に（2.5）Nのおもり	1.55	1.53	1.56	1.54	1.55	物体＋おもりの重さ 3.08	0.50

4. 考察

(1) 物体が動き出す直前のばねはかりの値（N）÷垂直抗力（N）の値は何を表しているか。
（ヒント　面の状態に関係がある。）

（その面と物体の間の摩擦を表していて、値が大きいほど摩擦力が大きくはたらく。）

(2) 物体が動き出すとばねはかりの値が変化するのは、静止している場合と動いている場合のどちらが摩擦が大きいことを示しているか。

（動き出すとばねばかりの値が小さくなるので、静止している場合の方が摩擦力が大きい。）

授業展開例2A　仕事と力学的エネルギー②【基本】　—— 第4・5時

STEP	学習活動	授業の進め方	ワークシート
1 検証計画の立案	1. 学習のねらいを確認する。	**物体のもつ位置エネルギーの大きさを、物体がする仕事で測定する**ことを伝える。	1. 実験の目的
	2. 測定方法を話し合う。	位置エネルギーは、物体の重さと基準面からの高さによることから、いろいろな重さの物体を、高さを変えて落下させて、ほかの物体への影響の大きさの違いによって測定できることに気付かせる。　〔対話〕	
2 観察・実験の実施	3. 実験の準備をする。	3種類の重さの球を4種類の高さから落下させる。木片に一度衝突した球が転がり、再度木片に衝突しないよう、木片の前に2度打ち防止金具を付ける。	2. 方法
	4. 球を落下させ、木片に衝突させる実験をする。	球が斜面の下にある木片に衝突したときの木片の移動距離を測定する。	2. 方法
	5. 結果を表に記入し、グラフにする。	3種類の重さが異なる球ごとに、落下させた高さと木片が動いた距離の関係のグラフを作成する。	2. 方法
3 結果の処理 考察・推論	6. 物体のもつエネルギーと仕事との関係を導く。	落下させた高さと木片が動いた距離の関係について、グラフを見て、高い位置ほど位置エネルギーが大きくなっていることから、位置エネルギーと仕事は比例することと、物体のもつエネルギーを仕事で測定することに気付かせる。	3. 結果 4. 考察

3年　科学技術と人間

STEP 1
1. 実験の目的
位置エネルギーと仕事の関係を調べる。

STEP 2
2. 方法
斜面にあるレールに球をのせ、(ア 高さ)や球の(イ 重さ)を変えたときに、球に(ウ 衝突した)木片の動く(エ 距離)を調べる。

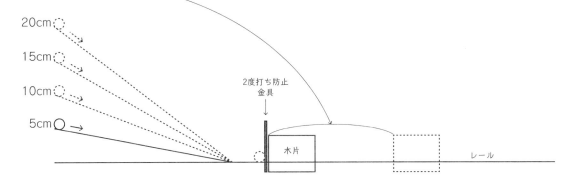

STEP 3
3. 結果

下記は結果例です

球の最初の高さ（cm）		0	5 (1倍)	10 (2倍)	15 (3倍)	20 (4倍)
木片の動作距離（cm）	ガラス球 (0.095)N	0	0.5	0.9	1.4	1.8
	チタン球 (0.19)N	0	1.5	3.0	4.3	5.7
	鉄球 (0.36)N	0	3.9	7.5	11.4	13.1

（ケニス衝突実験器による）

4. 考察
(1) 球のもつ位置エネルギーは、最初の高さが(オ 高く)、球の重さが(カ 大きい)ほど大きくなる。

(2) 球が木片にした仕事の大きさは、木片が動いた(エ 距離)で表されている。

(3) 左のグラフの形が(キ 比例の形)になっていることから、位置エネルギーと(ク 仕事)は(ケ 比例)することがわかる。

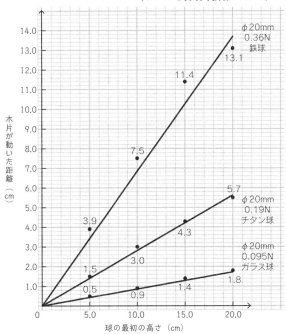

授業展開例2B　仕事と力学的エネルギー③【発展】　第4・5時

STEP	学習活動	授業の進め方	ワークシート
1 検証計画の立案	1. 学習のねらいを確認する。	**物体のもつ位置エネルギーの大きさを、物体がする仕事で測定する**ことを伝える。	1. 実験の目的
	2. 測定方法を話し合う。	位置エネルギーは、物体の重さと基準面からの高さによることから、いろいろな重さの物体を、高さを変えて落下させて、ほかの物体への影響の大きさの違いによって測定できることに気付かせる。	〔対話〕
2 観察・実験の実施	3. 実験の準備をする。	3種類の重さの球を4種類の高さから落下させる。木片に一度衝突した球が転がり、再度木片に衝突しないよう、木片の前に2度打ち防止金具を付ける。	2. 方法
	4. 球を落下させ、木片に衝突させる実験をする。	球が斜面の下にある木片に衝突したときの木片の移動距離を測定する。	2. 方法 (ここまでは【基本】のワークシートを使います。)
	5. 結果を表に記入し、グラフにする。	位置エネルギーを計算するために、位置エネルギー（J）＝球の重さ（N）×高さ（m）を計算させ、位置エネルギー（J）と木片の移動距離（m）との関係を表すグラフを作成させる。	3. 結果 (位置エネルギーの値を取り違えないように、方眼紙に目盛りを入れてあります。)
3 結果の処理　考察・推論	6. 物体のもつエネルギーと仕事との関係を導く。	木片の移動距離が球のした仕事を表しているのは、木片を水平に動かす力を一定としていることに気付かせる。その上で、重さの異なる球で測定した結果をまとめても、位置エネルギーと仕事が比例することから、物体のもつエネルギーを仕事で測定することに気付かせる。	3. 結果 4. 考察 〔深い学び〕

〈発展〉

STEP 3

3. 結果　位置エネルギー(J)＝球の重さ(N)×落下させた高さ(m)

下記は結果例です

ガラス球 (0.095)N	落下させた高さ (m)	×0.05	×0.10	×0.15	×0.20
	位置エネルギー (J)	＝0.0048	＝0.0095	＝0.014	＝0.019
	木片が動いた距離 (m)	0.005	0.009	0.014	0.018
チタン球 (0.19)N	落下させた高さ (m)	×0.05	×0.10	×0.15	×0.20
	位置エネルギー (J)	＝0.0095	＝0.019	＝0.029	＝0.038
	木片が動いた距離 (m)	0.015	0.030	0.043	0.055
鉄球 (0.36)N	落下させた高さ (m)	×0.05	×0.10	×0.15	×0.20
	位置エネルギー (J)	＝0.018	＝0.036	＝0.054	＝0.072
	木片が動いた距離 (m)	0.039	0.075	0.114	0.131

（ケニス衝突実験器による）

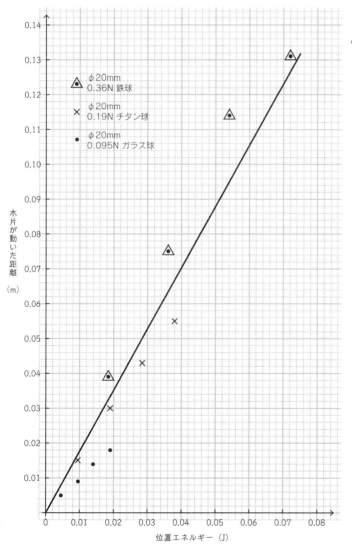

4. 考察

（1）重さが小さい球でも、重さが大きい球よりも位置エネルギーが大きいのは、どのような場合か。

　（高いところから落下させた場合。）

（2）木片が動いた距離を、球がした仕事とするためには、木片を水平に動かす力をどのように考えるか。

　（一定と考える。）

（3）木片が動いた距離を球が木片にした仕事とすると、左のグラフは、何と何のどんな関係を表しているか。

　（位置エネルギーの大きさと行った仕事は比例する。）

授業展開例③ 仕事の原理と仕事率　　第6・7時

STEP	学習活動	授業の進め方	ワークシート
1 検証計画の立案	1. 学習のねらいを確認する。	**道具を使って、小さい力で大きい力とつり合わせることを調べる**ことを伝える。	1. 実験の目的
	2. 重い物体を持ち上げている道具について話し合う。	重い物体を持ち上げるとき、道具を使うことに気付かせ、特に重い物体を持ち上げるクレーンでは、複数のロープと滑車が使われていることに気付かせる。	2. 方法 （対話）
	3. 実験方法を伝える。	滑車には、力の向きを変える定滑車と、力を2分の1にできる動滑車があることを伝え、演示する。	2. 方法
2 観察・実験の実施	4. 定滑車、動滑車の働きを調べる。	定滑車で、ひもでつないだ同じ重さのおもりがつり合うことと、動滑車一つと定滑車一つを組み合わせると、同じ重さのおもり、2個と1個（動滑車の重さ分、小おもりを加える）がつり合うことを演示して確認する。また、動滑車では、おもり2個をおもり1個の側を引くことで持ち上げるには、持ち上げる2倍の長さを引くことを、実際に行って確認する。	2. 方法
	5. おもり4個と1個でつり合わせる。	定滑車と動滑車を複数組み合わせることで、同じ重さのおもり4個と1個（動滑車の重さ分、小おもりを加える）をつり合わせる。できた班は、できていない班に組み合わせ方を説明する。できていない班はその説明を聞き、同じ組み合わせを行う。	3. 結果 （対話）
	6. 持ち上がる距離と引く距離を調べる。	4個と1個の組み合わせの持ち上がる距離と引く距離を調べる。	3. 結果
3 結果の処理　考察・推論	7. 仕事の原理を導く。	同じ重さのおもり、2個と1個や4個と1個の場合の持ち上がる距離と引く距離から、力を2分の1にすると引く距離は2倍、力を4分の1にすると引く距離は4倍になることから、力×距離が一定になる仕事の原理を導くようにする。	4. 考察

3年　科学技術と人間

3年　　組　　番　氏名

STEP 1
1. 実験の目的　小さい力で大きい力とつり合わせることを調べる。

STEP 2
2. 方法　滑車のはたらきを調べる。
(1) 定滑車

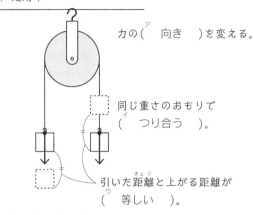

力の（ア 向き）を変える。

同じ重さのおもりで（イ つり合う）。

引いた距離と上がる距離が（ウ 等しい）。

(2) 動滑車と定滑車

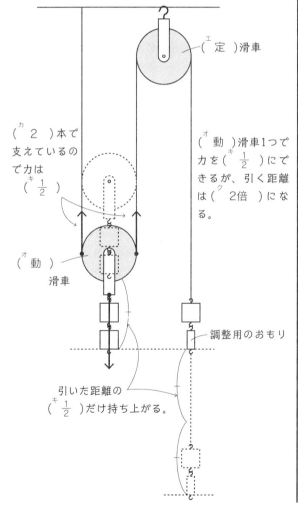

（エ 定）滑車

（カ 2）本で支えているので力は（キ 1/2）

（オ 動）滑車

（オ 動）滑車1つで力を（キ 1/2）にできるが、引く距離は（ク 2倍）になる。

引いた距離の（キ 1/2）だけ持ち上がる。

調整用のおもり

STEP 3
3. 結果
定滑車と動滑車を組み合わせて、おもり4個とおもり1個と調整用のおもりでつり合わせる。

※できた組み合わせの図を枠内に記入する。

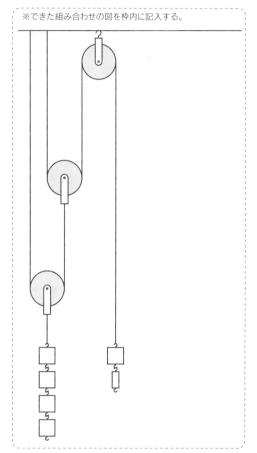

4. 考察
(1) 引く力と引く距離はどんな関係か。

　　（力が $\frac{1}{2}$、$\frac{1}{4}$ なら距離は2倍、4倍なので、反比例する。）

(2) 調整用のおもりはどんなはたらきをしているか。

　　（動滑車の重さの分をつり合わせている。）

● 授業展開例4　エネルギーの保存と変換効率　　　第10・11時

STEP	学習活動	授業の進め方	ワークシート
1 検証計画の立案	1. 学習の**ねらい**を確認する。	**エネルギー変換時に、利用できるエネルギーにどれくらい変換できるか調べること**を伝える。	1. 実験の目的
	2. 実験方法を話し合う。	様々なエネルギーに変換しやすい電気エネルギーを得るために、水力発電では位置エネルギーから変換することを伝える。そして、<u>変換できた電気エネルギーを測定する方法や、さらに、その電気エネルギーをどんなエネルギーに変換すれば、はじめの位置エネルギーから変換できた割合を測定できるのか話し合う</u>。	2. 方法 〔対話〕
	3. 測定方法を伝える。	プーリー付き発電機につないだおもりを落下させ、電気エネルギーに変換し、その電流でモーターを回し、おもりを持ち上げることにする。電圧・電流・落下時間から電気エネルギー、持ち上げたおもりの重さ・高さから位置エネルギーを求めることを伝える。	2. 方法
2 観察・実験の実施	4. 実験の準備をする。	ワークシートに従って器具を組み立てる。プーリーの回転方向と電流の向きに注意する。班員で役割分担して実験ができるようにする。	2. 方法
	5. 実験を行う。	班員が協力して実験を行う。	2. 方法
	6. 結果を表にまとめる。	ワークシートの表に結果を記入し、変換効率を求める計算をする。	3. 結果
3 結果の処理　考察・推論	7. エネルギーの変換効率について考察する。	各班の実験結果を発表する。結果から、変換効率が位置エネルギーから電気エネルギーへ、そして位置エネルギーへと段階的に低くなることに気付かせる。<u>変換効率を高める工夫がエネルギーの有効利用には大切であることに気付かせる</u>。	4. 考察 〔深い学び〕

3年　組　番　氏名

STEP 1
1. 実験の目的
エネルギーを段階的に変換するときの各効率を調べる。

STEP 2
2. 方法
（　　　　　）の中に担当者名を入れる。☆は兼任可。

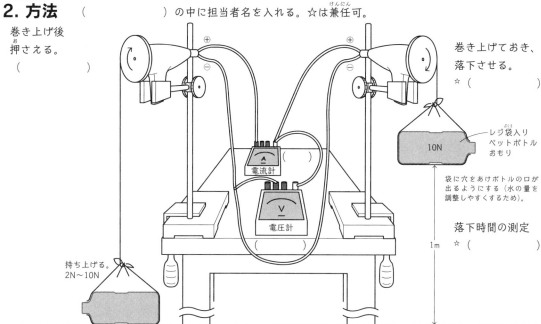

巻き上げ後押さえる。
（　　　　　）

巻き上げておき、落下させる。
☆（　　　　　）

レジ袋入りペットボトルおもり

袋に穴をあけボトルの口が出るようにする（水の量を調整しやすくするため）。

落下時間の測定
☆（　　　　　）

持ち上げる。
2N〜10N

STEP 3
3. 結果
10Nのおもりを1m落下させる。（位置エネルギー　10N×1m＝10J）

下記は結果例です

① 持ち上げたおもりの重さ (N)	② 電圧 (V)	③ 電流 (A)	④ 1mの落下時間 (S)	⑤＝②×③×④ 電気エネルギー (J)	⑥＝⑤/10×100 電気エネルギーへの（変換効率）(%)	⑦ おもりが持ち上がったときの高さ (m)	⑧＝①×⑦	⑨＝⑧/10×100 最終的な（変換効率）(%)
10 N	2.5 V	0.41 A	3.07 S	3.15 J	31.5 %	0 m	0 J	0 %
8 N	2.5 V	0.40 A	3.07 S	3.07 J	30.7 %	0 m	0 J	0 %
6 N	2.6 V	0.40 A	3.06 S	3.18 J	31.8 %	0.01 m	0.06 J	0.6 %
4 N	4.6 V	0.38 A	2.00 S	3.50 J	35.0 %	0.22 m	0.88 J	8.8 %
2 N	12.0 V	0.30 A	1.44 S	5.18 J	51.8 %	0.40 m	0.80 J	8.0 %

4. 考察
（1）位置エネルギーから電気エネルギー、位置エネルギーと、段階的にエネルギーを変換していく際の変換効率の変化について説明しなさい。

（変換するたびに利用できないエネルギーが発生するため、効率が低下する。）

（2）変換効率を改善するために、どのような工夫が考えられるか。

（できるだけ変換の段階を少なくする。発電機やモーターは、歯車や接触部分を少なくして摩擦を減らす。）

ワークシート①

1年　　組　　番　氏名 _____

1. 観察の目的 _____

2. 方法
葉の表皮が（ア　　　）はがれる（イ　　　）の葉を使い、
葉の（ウ　　　）と（エ　　　）を顕微鏡で観察する。

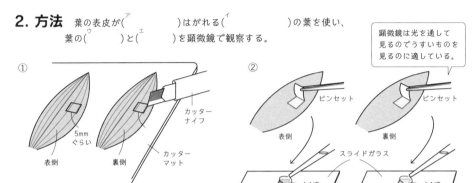

> 顕微鏡は光を通して見るのでうすいものを見るのに適している。

① 葉の表と裏に（オ　　　）mm角ぐらいの切れ目をカッターナイフでつける。

② 表・裏とも切り取った表皮をスライドガラスの上にのせ、水を（カ　　　）たらす。

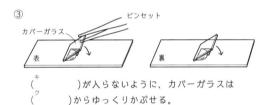

③ （キ　　　）が入らないように、カバーガラスは（ク　　　）からゆっくりかぶせる。

④ 表・裏とも顕微鏡で見る。
はじめは対物レンズを（ケ　　　）倍率にして（コ　　　）を見て、注目するものを中央にしてから（サ　　　）倍率で見る。

3. 結果
注目した1つの部屋とそのまわりをくわしくスケッチする。

表側　接眼レンズ　対物レンズ
　　（　　）×（　　）＝（　　）倍

裏側　接眼レンズ　対物レンズ
　　（　　）×（　　）＝（　　）倍

4. 考察
(1) ツユクサの葉が緑色に見えるのはなぜか。今回の観察で見えたもので説明する。
（　　　　　　　　　　　　　　　　　　　　　）

(2) 小さな部屋以外に、どんな形のものがあるか。また、それは葉の表と裏のどちら側に多いか。
（　　　　　　　　　　　　　　　　　　　　　）

ワークシート②

1年　　組　　番　氏名 ＿＿＿＿＿＿＿＿

1. 実験の目的 ＿＿＿＿＿＿＿＿＿＿

2. 方法
(ア　　　)溶液がアルカリ性だと(イ　　　)、中性だと(ウ　　　)、酸性だと(エ　　　)になることと、二酸化炭素が水に溶けると(オ　　　)性になることを利用する。

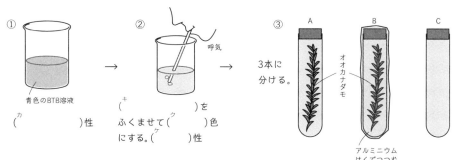

① 青色のBTB溶液　(カ　　　)性
② (キ　　　)をふくませて(ク　　　)色にする。(ケ　　　)性
③ 3本に分ける。　A　B（オオカナダモ・アルミニウムはくでつつむ。）　C

④ ＡＢＣに15分程度の光を当てて、BTB溶液の変化を見る。

3. 結果

	オオカナダモ	光	BTB溶液の変化	BTB溶液の変化からわかる二酸化炭素の増減
A			緑 →	
B			緑 →	
C			緑 →	

4. 考察

(1) Aの色の変化とBの色の変化はどちらがよく変化していたか。
（　　　　　　　　　　　　　　　　　　　）

(2) Bのオオカナダモは、光合成と呼吸のどちらを行っていたか。
（　　　　　　　　　　　　　　　　　　　）

(3) (1)のことから、光合成と呼吸のどちらの方をさかんに行っていたか。
（　　　　　　　　　　　　　　　　　　　）

(4) Cの実験は何のために行っているか。
（　　　　　　　　　　　　　　　　　　　）

(5) この実験結果から、緑色植物によって二酸化炭素を減らすためには何が必要か。
（　　　　　　　　　　　　　　　　　　　）

ワークシート③

1年　組　番　氏名

1. 実験の目的

2. 方法
葉の表や裏に（ア　　　）をぬって（イ　　　）をふさいだり（ウ　　　）を取り除いたりして、（エ　　　）できる場所を変えたときの（オ　　　）を調べる。

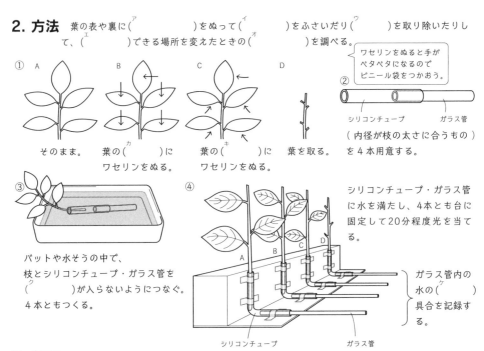

① A そのまま。　B 葉の（カ　　　）にワセリンをぬる。　C 葉の（キ　　　）にワセリンをぬる。　D 葉を取る。

② シリコンチューブ・ガラス管（内径が枝の太さに合うもの）を4本用意する。

ワセリンをぬると手がペタペタになるのでビニール袋をつかおう。

③ バットや水そうの中で、枝とシリコンチューブ・ガラス管を（ク　　　）が入らないようにつなぐ。4本ともつくる。

④ シリコンチューブ・ガラス管に水を満たし、4本とも台に固定して20分程度光を当てる。

ガラス管内の水の（ケ　　　）具合を記録する。

3. 結果

	ワセリンをぬった場所	蒸散がおきる場所	ガラス管の中の水の量の変化（水の位置を記入）
A			
B			
C			
D	葉なし		

シリコンチューブ　ガラス管　はじめの水の位置

4. 考察

(1) ガラス管の中の水の量の変化からA、B、C、Dを吸水量の多い順位に並べなさい。
（　　　　　　　　　　）

(2) (1)から、蒸散は主にどこで行われているといえるか。
（　　　　　　　　　　）

(3) シリコンチューブにガラス管をつなぐと水の量の変化がわかりやすくなるのはなぜか。
（　　　　　　　　　　）

ワークシート④

1年　組　番　氏名 ＿＿＿＿＿＿＿＿

1. 実験の目的 ＿＿＿＿＿＿＿＿

2. 方法

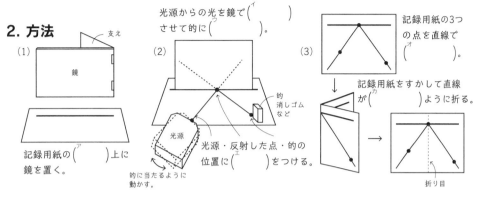

(1) 記録用紙の（ア　　）上に鏡を置く。

(2) 光源からの光を鏡で（イ　　）させて的に（ウ　　）。光源・反射した点・的の位置に（エ　　）をつける。

(3) 記録用紙の3つの点を直線で（オ　　）。記録用紙をすかして直線が（カ　　）ように折る。

3. 結果

記録用紙をはる

4. 考察

(1) 結果からわかること
・光源と反射した点を結ぶ直線……①
・反射した点と的を結ぶ直線……②
・折り目の直線……③
①、②、③の直線は、どんな関係か。
（　　　　　　　　　　　　　）

> すべての結果でこの共通点が見つかります。

(2) わかったことの利用

光源から矢印の向きに光が進むとき、的に光を当てるのに鏡2枚をどのように置くとよいか。鏡の位置と光の進む道すじを作図して、作図の通りに光が進むか実験する。

光源 →
光源からの光の向き

的の位置 ●

> 大昔は、この方法で太陽光を導き、部屋を明るくして作業をしたらしい。

ワークシート⑤

1年　　組　　番　氏名 _____

1. 実験の目的 _____

2. 方法
半円形レンズ（透明な物体）と同じ半径の円に光の進み方を記録する。

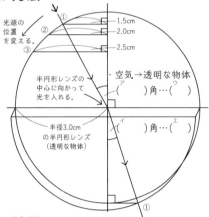
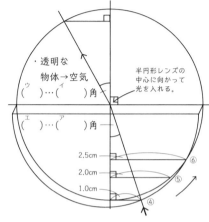

3. 結果

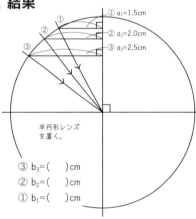
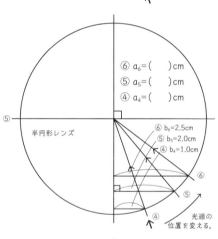

4. 考察
光が屈折する法則性を導く。

・aとbの関係性を考える。

$\dfrac{a_1}{b_1}$ =（　　）　$\dfrac{a_2}{b_2}$ =（　　）　$\dfrac{a_3}{b_3}$ =（　　）

$\dfrac{a_4}{b_4}$ =（　　）→（　　）…

この透明な物体に光が出入りするときの屈折する割合＝屈折率

→ $\dfrac{a}{b}$ =（　　）　a =（　　）×b
　　　空気側　　　透明な物体側

（　　）×b＜3.0cm…半円形レンズの（　　）　b＜$\dfrac{3.0}{（　）}$

bがこれ以上大きいと半円形レンズと空気との境目ですべて
（　　　　）する……全（　　　　）

左の考察でわかったaとbの関係を使って、いろいろな方向から半円形レンズの中心に向かって光を入れたときの光の進み方を予想して作図する。
→その通りか実験する。

ワークシート⑥

1年　組　番　氏名 _____

1. 実験の目的 _____

2. 方法

(1) 凸レンズの（ア　　　　　）を測定する。
　① 太陽の光が1点に集まる距離
　　（　　　）cm
　② 遠くの景色がはっきりうつる距離
　　（　　　）cm

①②の（イ　　　　　）の値は一致します。

このときの景色がうつる向きは
（ウ　　　　　　　）。

(2) 光学台に光源付き物体、凸レンズ、スクリーンを取り付け、うつり方と位置関係を調べる。

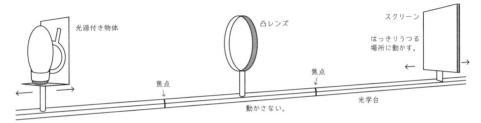

ア　物体が焦点の外側にあるときの見え方
　① 物体と同じ大きさの像がスクリーンにうつるときの物体とスクリーンの位置と像の向き
　② ①より物体を遠ざけたときのスクリーンの位置と像の大きさと向き
　③ ①より物体を近付けたときのスクリーンの位置と像の大きさと向き
イ　物体が焦点と凸レンズの間にあるときの見え方

3. 結果

		物体の位置	像の大きさ	像の向き	スクリーンの位置
ア	①	焦点距離の2倍	物体と同じ大きさ	上下左右逆	焦点距離の2倍
	②	①よりも遠ざける	物体より（エ　　　）	上下左右逆	①よりも焦点から（オ　　　）
	③	①よりも近付ける	物体より（カ　　　）	上下左右逆	①よりも焦点から（キ　　　）
イ		焦点と凸レンズの間	レンズを通して（ク　　　）見える	同じ向き	（ケ　　　　　）

4. 考察

(1) 方法(1)で、焦点距離の位置に太陽の光が集まったり、遠くの景色がうつったりするのはなぜか。
（　　　　　　　　　　　　　　　　　　　　　　　　　　　　　　　　　　　　　）

(2) 虫めがねは凸レンズである。虫めがねで拡大して見ているのは、ア・イどちらの見え方か。また、そのときの見ているものと焦点距離との位置関係はどうなっているか。
（　　　　　　　　　　　　　　　　　　　　　　　　　　　　　　　　　　　　　）

ワークシート⑦

1年　　組　　番　氏名＿＿＿＿＿＿＿＿＿＿

1. 作図の目的＿＿＿＿＿＿＿＿＿＿＿＿＿＿

2. 作図

(1) 凸レンズを通る光のきまり

① 凸レンズの軸に平行な光は、(ア　　　)を通る。
② 凸レンズの(イ　　　)を通る光は、そのまま直進する。
③ (ア　　　)を通る光は、凸レンズの軸に平行に進む。

(凸レンズの両側の焦点を結ぶ。)
→凸レンズの(ウ　　　)を表す。

(2) 物体・凸レンズ・像の位置、像の大きさ・向きの関係

焦点の(シ　　　)側に物体があるとき
像は焦点の(シ　　　)側に上下左右(オ　　　)向きにうつる。〈ス　　　〉

像がうつる位置は焦点に(ク　　　)。像の大きさは(ケ　　　)なる。

物体が焦点距離の(エ　　　)倍の位置にあるとき

像は焦点距離の(エ　　　)倍の位置に上下左右(オ　　　)向き。物体と(カ　　　)大きさでスクリーンに(キ　　　)。

物体を近付ける。

像がうつる位置は(コ　　　)。像の大きさは(サ　　　)なる。

虫めがね・ルーペ
遠視用めがねの見え方

焦点と凸レンズの(ソ　　　)に物体があるとき。

像はスクリーンには(セ　　　)。
凸レンズを通して物体と(カ　　　)向きに(タ　　　)見える。〈　　　〉

物体をさらに近付け、焦点と凸レンズの間にする。

凸レンズを通して物体と(カ　　　)向きに(サ　　　)見える。
光が広がるのでスクリーンには(セ　　　)。

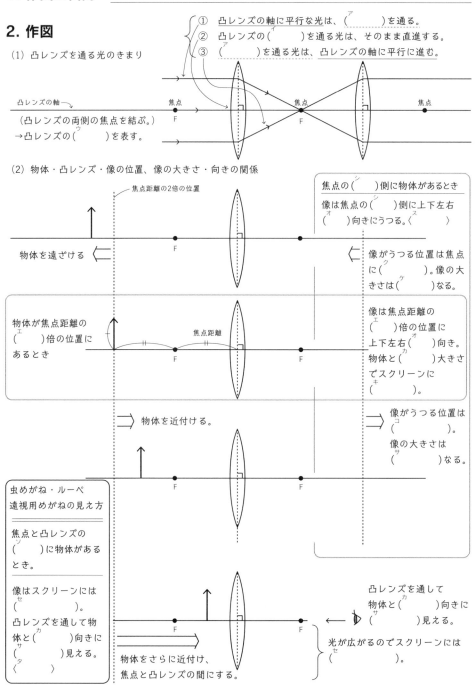

ワークシート⑧

2年　　組　　番　氏名 _____

1. 実験の目的 _____

2. 方法

(1) 棒磁石のまわりの磁界を調べる。
　・棒磁石のまわりに（ア　　　　）を置く。
　・棒磁石のまわりに（イ　　　）をまき、
　　軽くたたくとできる（ウ　　　）を
　　スケッチする。

(2) 電流を流したコイルのまわりの磁界を調べる。
　・電流を流したコイルのまわりに（ア　　　　）を置く。
　・電流を流したコイルのまわりに（イ　　　）をまき、
　　軽くたたくとできる（ウ　　　）をスケッチする。

3. 結果

方位磁針　○の中に針の向きを記入。

⊗…電流の向き上→下
⊙…電流の向き下→上

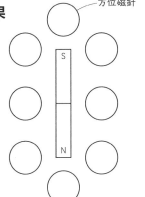

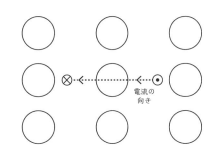
電流の向き

鉄粉をまいて軽くたたいた
ときの模様をスケッチする。

電流の向き

4. 考察

(1) 棒磁石の極やコイルに流す電流の向きを反対にすると、方位磁針の向きはどうなるか。
　（　　　　　　　　　　　　　　　　　　　　　　　　　　　　　　）
(2) 方位磁針の向きと鉄粉の模様には、どんな関係があるか。
　（　　　　　　　　　　　　　　　　　　　　　　　　　　　　　　）
(3) 棒磁石のまわりの磁界と電流を流したコイルのまわりの磁界の共通点は何か。
　（　　　　　　　　　　　　　　　　　　　　　　　　　　　　　　）

ワークシート⑨

2年　　組　　番 氏名 _____

1. 実験の目的 _____

2. 方法

(1) 磁界の中でコイルに電流を流す。

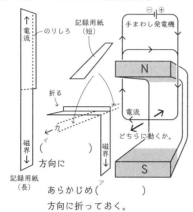

あらかじめ（ア　　　）方向に折っておく。

磁石の向きや強さ、電流の向きを変えても、はりつけた記録用紙の通りになるか確認する。

(2) 磁界の中のコイルを動かす。

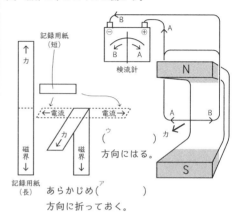

あらかじめ（ア　　　）方向にはる。

磁石の向きや強さ、コイルを動かす向きや速さを変えても、はりつけた記録用紙の通りになるか確認する。

3. 結果　記録用紙をはりつける。

(1)

(2)

4. 考察

(1) 同じ磁界の向きの中でコイルに電流を流したときに、コイルが動いた方向にコイルを動かすと、コイルに流れる電流の向きはどうなるか。
（　　　　　　　　　　　　　　　　　　　　　　　　　）

(2) (1)のような向きのとき、コイルの⊕、⊖はどうなるか。
（　　　　　　　　　　　　　　　　　　　　　　　　　）

(3) より強くコイルを動かしたり、より強く電流を流すためにはどうするか。
（　　　　　　　　　　　　　　　　　　　　　　　　　）

ワークシート⑩

2年　　組　　番　氏名＿＿＿＿＿＿＿＿

1. 実験の目的 ＿＿＿＿＿＿＿＿＿＿＿＿＿＿＿＿＿＿＿

2. 方法

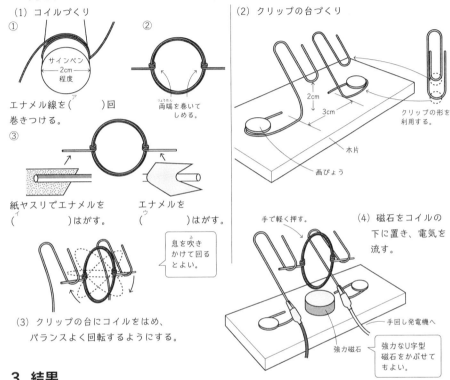

(1) コイルづくり
① エナメル線を（ア　　）回巻きつける。
② 両端を巻いてしめる。
③ 紙ヤスリでエナメルを（イ　　　　　）はがす。 エナメルを（ウ　　　　　）はがす。

(2) クリップの台づくり

(3) クリップの台にコイルをはめ、バランスよく回転するようにする。

(4) 磁石をコイルの下に置き、電気を流す。

3. 結果

(1) 電流の向きか磁石の向きを反対にすると、コイルが回転する向きは（エ　　　　　）になる。
(2) 電流の向きも磁石の向きも両方反対にすると、コイルが回転する向きは（オ　　　　　）になる。
(3) エナメルを（カ　　　　　　　）方が火花がよく上がる。

4. 考察

右の図は、磁石による磁界と電流による磁界の向きを表している。P点やQ点でコイルにはたらく力の向きから、コイルがなぜ回転するのか説明しなさい。

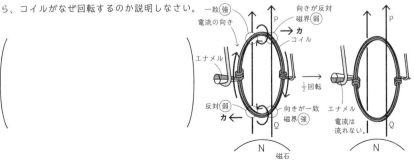

ワークシート⑪

2年　組　番　氏名 _____

1. 実験の目的 _____

2. クリップモーターのしくみ

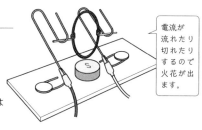

> 電流が流れたり切れたりするので火花が出ます。

一端はエナメルを半分（ア　　　）コイルを磁界の中に入れ、電流を流すと、コイルは（イ　　　）する。このとき、コイルには（ウ　　　）に電流が流れている。

〈エナメルを両端ともはがす〉

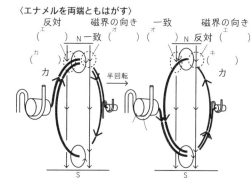

反対（エ　　）　磁界の向き　一致（オ　　）
（カ）力　半回転　力
一致（オ　　）　磁界の向き　反対（エ　　）
（キ）

半回転すると、コイルの中を流れる電流が（ク　　）回転になり、力の向きが（ク　　）になる。→コイルは回転（ケ　　　）。

〈エナメルの一端は半分残す〉

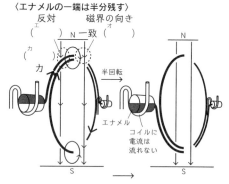

反対（エ　　）　磁界の向き　一致（オ　　）
（カ）力　半回転
エナメル　コイルに電流は流れない

エナメルを一端は半分残せば、半回転するとコイルに電流が流れ（コ　　）なる。このことで（サ　　）向きの力ははたらか（コ　　）なる。→コイルは回転（サ　　　）。

3. 実際のモーターのしくみ

〈モーターの内部〉

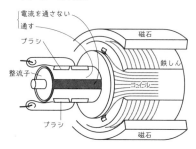

電流を通さない / 通す / ブラシ / 鉄しん / 整流子 / コイル / ブラシ / 磁石 / 磁石

ブラシから整流子に電流が流れる。整流子には、電流を通す部分と通さ（シ　　　）部分があり、コイルにつながっている。

〈モーターのしくみのモデル〉

反対（エ　　）　磁界の向き　一致（オ　　）
ブラシ（カ）力　半回転　力
整流子　電流を通さない / 通す

コイルが半回転すると、コイルの電流の向きは（ス　　　）から（セ　　　）になる。したがって、コイルが半回転しても、力の向きは回転を（サ　　　）向きとなる。

4. 考察

(1) クリップモーターで一端のエナメルを半分残したのは、実際のモーターのどのしくみに当てはまるか。（　　　　　）

(2) より強いモーターにするには、磁石や電流を強くするほかにモーターをどう改良するとよいか。（　　　　　）

ワークシート⑫

2年　　組　　番　氏名＿＿＿＿＿＿＿＿＿＿＿＿

1. 実験の目的 ＿＿＿＿＿＿＿＿＿＿＿＿＿＿＿＿

2. 方法

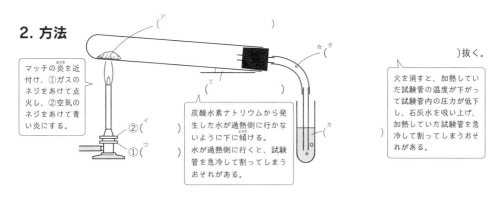

マッチの炎を近付け、①ガスのネジをあけて点火し、②空気のネジをあけて青い炎にする。

②(ｲ　　　　　)
①(ｳ　　　　　)
(ｴ　　　　　　　　)

炭酸水素ナトリウムから発生した水が過熱側に行かないように下に傾ける。
水が過熱側に行くと、試験管を急冷して割ってしまうおそれがある。

(ｵ☆　　　　　)抜く。

火を消すと、加熱していた試験管の温度が下がって試験管内の圧力が低下し、石灰水を吸い上げ、加熱していた試験管を急冷して割ってしまうおそれがある。

(ｱ　　　　　　　　　)は、ふくらし粉、ベーキングパウダー、重そうの成分。
お菓子をつくるときに材料に少量入れると(ｷ　　　　　)。

3. 結果

(1) 加熱前：(ｱ　　　　　　　)は水に溶け(ｸ　　　　)。
　　　　　フェノールフタレイン液を加えると(ｹ　　　　)。味は(ｺ　　　　　　)。

(2) 加熱中：(ｶ　　　　)が(ｻ　　　　　)。
　　　　　→(ｼ　　　　)が発生する。

(3) 加熱後：試験管の中の物質は水に溶け(ｽ　　　　)。
　　　　　フェノールフタレイン液を加えると(ｾ　　　)。味は(ｿ　　　)。
　　　　　→(ﾀ　　　)性
　試験管の口の水滴に(ﾁ　　　　)紙を付けると、(ﾂ　　)色→(ﾃ　　)色になる。

4. 考察

(1) (ｱ　　　　　　)
　→(ﾄ　　　　　　　) + (ｼ　　　　) + (ﾅ　　)
　　加熱後の試験管の中の物質

(2) 加熱後の物質は、元とは(ﾆ　　　)物質になった。→(ﾇ　　　)変化

(3) (ｱ　　　　　　　)をお菓子に入れると、(ｿ　　)味を打ち消すためにたくさん
　　(ﾈ　　　)を入れる必要がある。

ワークシート⑬

2年　組　番　氏名 _____

1. 実験の目的 _____

2. 方法

① 温度計つきかき混ぜ棒をつくる。

温度計を（ア　　　）ようにする。

② 卵白を泡立てて

（イ　　　）が立つようにする。

③ 炭酸水素ナトリウムを加え、ソフトクリームのようにする。さらに少量の砂糖を加える。

④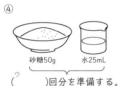
砂糖50g　水25mL
（ウ　　　）回分を準備する。

⑤
道具についた砂糖液を洗うための熱湯と耐熱性のバットを用意する。

⑥
ぬらしたぞうきんをかたくしぼる。

かくはん棒に（エ　　　）入り卵白をつける。

⑦
温度計つきかき混ぜ棒
カルメ焼き用のなべ
砂糖・水とも1回分（半分の量）を入れ、常に（オ　　　）加熱する。

⑧
水でぬらしてかたくしぼったぞうきん
（カ　　　）になったら加熱をやめ、かたくしぼったぞうきんの上にのせて（キ　　　）待つ。

⑨
炭酸水素ナトリウム入り卵白をつけたかくはん棒
炭酸水素ナトリウム入り卵白をつけたかくはん棒をなべの底に（ク　　　）全体をかき混ぜる。
全体が（ケ　　　）になったらかき混ぜるのをやめる。

> これ以上かき混ぜると、ふくらみかけているものがポロポロになる。

⑩
しばらくするとふくらむ。
再加熱してまわりを溶かし、アルミニウムはくの上に取り出す。
→（コ　　　）食べる。

⑪
熱湯
砂糖液のついた道具は、熱湯を入れたバットに入れて洗う。

> 砂糖液でペタペタになるので、放置せずすぐに熱湯の中に入れる。

⑫ 残った材料でもう一度つくる。

> こぼした砂糖液は熱湯をかけるとおちます。

3. 考察

(1) 砂糖液がふくらんだのは、炭酸水素ナトリウムのどんなはたらきのためか。
（　　　　　　　　　　　　　　　　　　）

(2) 食べると甘みのほかに、苦みがあるのはなぜか。
（　　　　　　　　　　　　　　　　　　）

(3) お菓子をふくらませるのに炭酸水素ナトリウムを多く使った場合、どんな味になるか。
（　　　　　　　　　　　　　　　　　　）

> 苦みを打ち消すために砂糖をたくさん入れると甘みの強いお菓子になる。

ワークシート⑭

2年　　組　　番　氏名 ＿＿＿＿＿＿＿＿＿＿

1. 実験の目的 ＿＿＿＿＿＿＿＿＿＿＿＿＿＿＿＿＿＿＿

2. 方法

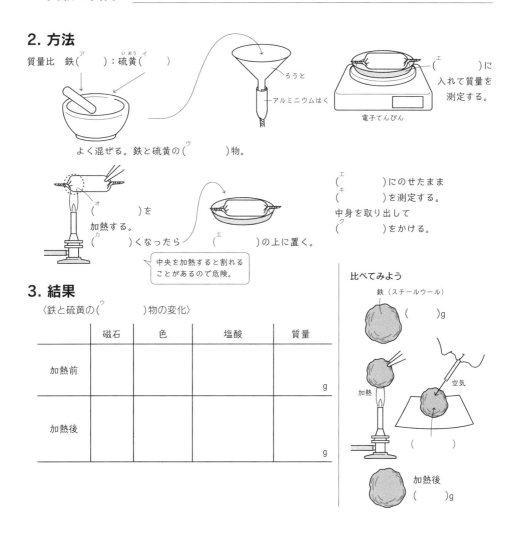

質量比　鉄（ア　　）：硫黄（イ　　）

よく混ぜる。鉄と硫黄の（ウ　　）物。

（エ　　）に入れて質量を測定する。

（オ　　）を加熱する。（カ　　）くなったら（エ　　）の上に置く。

（エ　　）にのせたまま（キ　　）を測定する。
中身を取り出して（ク　　）をかける。

中央を加熱すると割れることがあるので危険。

比べてみよう

鉄（スチールウール）　（　　）g

加熱　空気

（　　）

加熱後　（　　）g

3. 結果

〈鉄と硫黄の（ウ　　）物の変化〉

	磁石	色	塩酸	質量
加熱前				g
加熱後				g

4. 考察

(1) 鉄と硫黄の（ウ　　）物には、鉄・硫黄両方の性質が（ケ　　）。
　　加熱後できた物質は、鉄・硫黄両方の性質が（コ　　）。
　　↳（サ　　）変化して（シ　　）の物質ができた。

(2) 鉄と硫黄の反応では質量が変化（ス　　）が、鉄の加熱では質量が変化した。これは鉄が空気中の（セ　　）と結び付いて（ソ　　）から。

(3) 鉄と硫黄が反応する割合が（ア　　）：（イ　　）なのはなぜか。
（　　　　　　　　　　　　　　　　　　　　　　　　　　　　　　　　　）

ワークシート ⑮

2年　　組　　番　氏名 ＿＿＿＿＿＿＿＿＿＿

1. 実験の目的 ＿＿＿＿＿＿＿＿＿＿＿＿＿＿＿＿＿

2. 方法

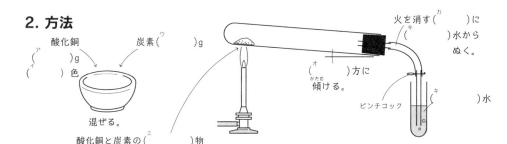

酸化銅（ア　）g（　）色　　炭素（ウ　）g
混ぜる。
酸化銅と炭素の（エ　）物
（オ）方に傾ける。
火を消す（カ　）に（キ　）水からぬく。
ピンチコック
（キ　）水

加熱している試験管の中身が（ク　）色になったら（キ　）水から管が（ケ　）あるのを確認して加熱をやめる（ガスバーナーを消す）。ピンチコックを閉める。→（コ　）防止
冷めたら中身を取り出し、（サ　）の入ったビーカーの中に入れ、残っている（シ　）を水に溶かして流し、下に沈んだ（ス　）をろ紙につけてみがく。

3. 結果

（キ　）水が（セ　）。……（ソ　）が発生した。

酸化銅 ＋ 炭素 → （ス　） ＋ （チ　）
（タ　）CuO ＋ C → （ス　） ＋ （ツ　）

> この方法は、大昔、たき火のあと土の中から銅が発見されたのと同じです。

4. 考察

(1) この反応では、酸化銅の（テ　）と（シ　）が結び付いて（ソ　）ができたので（ス　）を取り出すことができた。
(2) 酸化銅のような（ト　）物が（テ　）をうばわれることを（ナ　）という。
(3) 酸化銅（ア　）g、炭素（ウ　）gはどのように決めたか。

[　　　　　　　　　　　　　　　　　　　　　　　　　　　　　　]

おまけの実験（ちょっとゼイタク？）

酸化銀 ——→（ニ　）＋（テ　）
（ヌ　）

（イ）色の酸化銀が加熱後、
（ネ）色の（ニ　）になった。
→取り出してみがくと（　　　）。

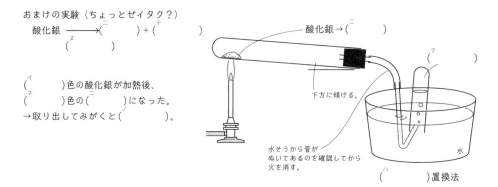

酸化銀→（ニ　）
下方に傾ける。
水そうから管がぬいてあるのを確認してから火を消す。
（ハ　）置換法

ワークシート⑯

2年　　組　　番　氏名 _____

1. 実験の目的 _____

2. 方法

(1) 乾湿計による湿度測定

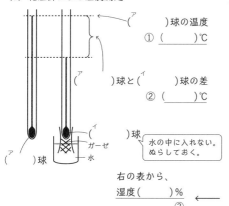

(ア　　)球の温度
①(　　　)℃

(ア　　)球と(イ　　)球の差
②(　　　)℃

(イ　　)球

(ア　　)球

水の中に入れない。ぬらしておく。

右の表から、
湿度(　　　)%
③

乾球①\② 差	0.0	0.5	1.0	1.5	2.0	2.5	3.0	3.5	4.0	4.5	5.0	5.5	6.0
22	100	95	91	87	82	78	74	70	66	62	58	54	50
21	100	95	91	86	82	77	73	69	65	61	57	53	49
20	100	95	90	86	81	77	73	68	64	60	56	52	48
19	100	95	90	85	81	76	72	67	63	59	54	50	46
18	100	95	90	85	80	75	71	66	62	57	53	49	44
17	100	95	90	85	80	75	70	65	61	56	51	47	43
16	100	95	89	84	79	74	69	64	59	55	50	45	41
15	100	94	89	84	78	73	68	63	58	53	48	44	39
14	100	94	89	83	78	72	67	62	57	51	46	42	37
13	100	94	88	82	77	71	66	60	55	50	45	39	34
12	100	94	88	82	76	70	65	59	53	48	43	37	32
11	100	94	87	81	75	69	63	57	52	46	40	35	29
10	100	93	87	80	74	68	62	56	50	44	38	32	27

(2) 金属コップと氷水による露点測定

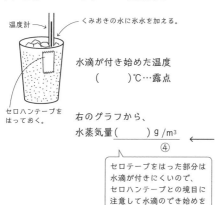

温度計
くみおきの水に氷水を加える。
セロハンテープをはっておく。

水滴が付き始めた温度
(　　　)℃…露点

右のグラフから、
水蒸気量(　　　)g/m³
④

セロテープをはった部分は水滴が付きにくいので、セロハンテープとの境目に注意して水滴のでき始めを見つける。

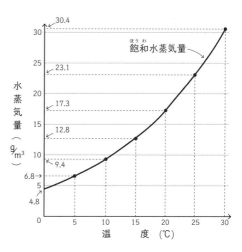

3. 結果

(1)の(ア　　)球の温度(①　　　)℃のときの飽和水蒸気量は、グラフから(　　　)g/m³、湿度は(③　　　)%なので、このときの水蒸気量は(　　　)g/m³

(2)の方法での水蒸気量は(　　　)g/m³ ④　　　⑤

2つの方法での結果が一致するとよい。

4. 考察

(1)の方法は、水蒸気量が少ないほど温度差が(　　　)なることを利用している。
(2)の方法は、水蒸気量が多いほど露点が(　　　)なることを利用している。

ワークシート⑰

2年　　組　　番　氏名

1. 実験の目的

2. 方法

(1) 気圧と気温の変化

①
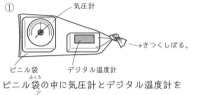
ビニル袋の中に気圧計とデジタル温度計を入れ、（ア　　　）。

②
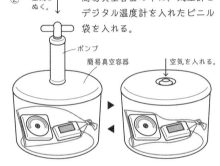
空気をぬいていったときと、空気を入れたときの、気圧や温度の変化を見る。

(2) 雲をつくる

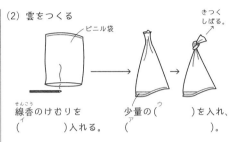
線香のけむりを（イ　　　）入れる。少量の（ウ　　　）を入れ、（　　　）。

②
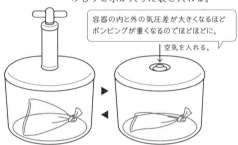
簡易真空容器の中に、線香のけむりと水が入った袋を入れる。

容器の内と外の気圧差が大きくなるほどポンピングが重くなるのでほどほどに。

空気をぬいていったときと、空気を入れたときの、袋の中の様子を見る。
袋に懐中電灯の（エ　　　）を当てて見る。

簡易真空容器は、本来は食品の保存や漬物づくりに使います。

3. 結果

	空気をぬいたあと	空気を入れたあと
気圧		
気温		
線香のけむりと水を入れた袋の中		

4. 考察

(1) 気圧が下がったときの温度変化について説明しなさい。
（　　　　　　　　　　　　　　　　　　　　　　　　　　　）

(2) 気圧が下がったときに線香のけむりと水を入れた袋の中で起きた変化について説明しなさい。
（　　　　　　　　　　　　　　　　　　　　　　　　　　　）

ワークシート⑱

3年　　組　　番　氏名　　　　　　　　　

1. 実験の目的 _____

2. 方法　　3. 結果

記録テープを（1）（2）のようにはりつける。

4. 考察

・2つのグラフの横軸とたて軸は、それぞれ何を表しているか。

・力がはたらかない物体の運動では、
（ウ　　）は（カ　　）。
（エ　　）と（オ　　）は（キ　　）する。

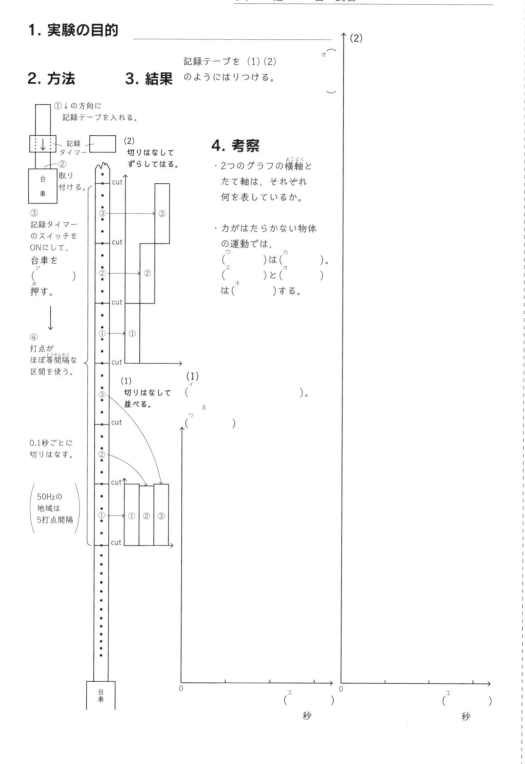

ワークシート⑲

3年　　組　　番　氏名 _____

1. 実験の目的 _____

2. 方法

記録テープを記録タイマーに通し、台車に取り付ける。
記録タイマーと台車が（ ア ）するように、
記録テープを押さえておく。
スイッチをONにしたら（ イ ）。

この実験を1人
（ ウ ）回ずつ行う。

斜面上のどこでも台車にはたらく重力は（ エ ）。
→台車の運動の向きに（ オ ）の力がはたらき続ける。

3. 結果

（1）縦軸：カ（ ）＝（ キ ）／横軸：（ ク ）

（2）縦軸：ケ／横軸：（ ク ）

4. 考察

（ ク ）と（ キ ）は（ コ ）する。（ ク ）と（ ケ ）は（ サ ）する。
平均の速さや瞬間の速さは、グラフの中にどう表れているか。

ワークシート⑳

3年　組　番　氏名 _____

1. 実験の目的 _____

2. 方法

手で(ア　)回押し上げた勢いを使い、斜面の(イ　)ぐらいで止まるようにする。

この実験を1人(ウ　)回ずつ行う。

記録テープ　記録タイマー　走行方向

斜面上のどこでも台車にはたらく重力は(エ　)。

→台車の運動の向きと(オ　)向きに(カ　)の力がはたらき続ける。

3. 結果

最後の点　最後の点から5間隔ずつとり、(キ　)～(ク　)と4区間に切る。

(1) ケ(　) このようにはる。
コ=(　)
(　)

(2) シ(　) このようにはる。

0　サ(　)　　　0　サ(　)

4. 考察

(カ　)の割合で(コ　)が(ス　)なる。このとき、(サ　)と(シ　)の関係は二乗に比例のグラフを(セ　)°回転した形。

平均の速さや瞬間の速さはグラフの中にどう表れているか。

ワークシート㉑

3年　　組　　番　氏名 _____

1. 観察の目的 _____

2. 方法

(1)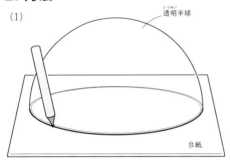

台紙の上に透明半球をのせて円をかく。

(2)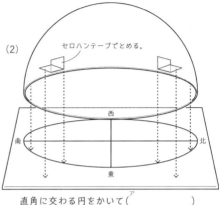

直角に交わる円をかいて(ア　　　　　)を表し、透明半球をのせる。

(3)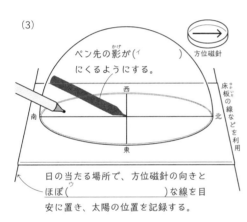

ペン先の影が(イ　　　　　)にくるようにする。

日の当たる場所で、方位磁針の向きとほぼ(ウ　　　　　)な線を目安に置き、太陽の位置を記録する。

(4)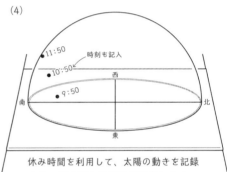

休み時間を利用して、太陽の動きを記録する。日の当たる場所が移動したら、(エ　　　　　)を利用して置き直す。

(5)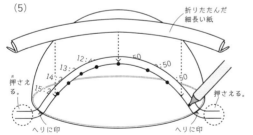

1日記録した透明半球を台紙から(オ　　　　　)、折りたたんだ細長い紙を記録した点を結ぶように置き、点と点を(カ　　　　　)に結び、へりに(キ　　　　　)をつける。
→この線が(ク　　　　　)の記録。

(6)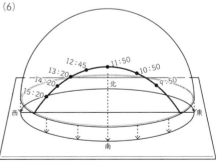

(ク　　　　　)の線が最も(ケ　　　　　)なった方向が(コ　　　　　)になるように、透明半球を台紙の上にのせ直す。
※はじめにのせた位置とずれてもよい。

(7)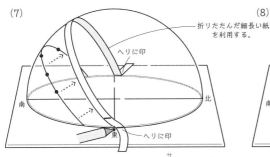

太陽の動きの線と平行になる線を（サ　　　）から（シ　　　）に合わせてかく。へりにも印をつける。

(8)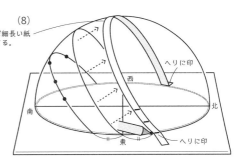

太陽の動きと真東・真西から平行にかいた線と（ス　　　）北よりにずらした平行な線をかき、へりに印をつける。

3. 結果

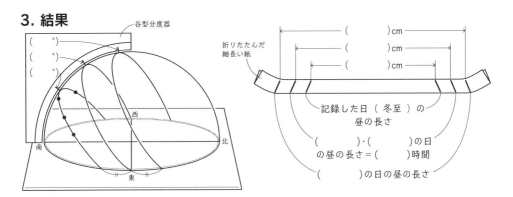

記録した日（冬至）の南中高度（　　　°）
春分・秋分の日の南中高度（　　　°）
夏至の南中高度（　　　°）

4. 考察

(1) 右の図は、東を正面にした天球の断面である。この図に、夏至、春分・秋分、夏至の日の南中高度を記入し、作図によって、観測地の緯度と、北極星の方向を表しなさい。

(2) 折りたたんだ細長い紙の記録を使って、冬至の日と夏至の日の昼の長さを求めなさい。
〈ヒント〉春分・秋分の日の昼の長さは12時間。
　　　　 1時間当たり何cmか求める。
　冬至（　　時間　　　分）
　夏至（　　時間　　　分）

(3) 右の図の中のどこに南半球での南中高度や経緯が表れているか。

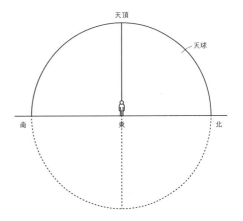

3年　組　番　氏名 _____

〈見える星座の地球の公転による変化〉

(1) 基礎事項の確認
- 地球は1年で太陽のまわりを1周する。（　　　）
  → 1か月で（　　　）
- 北極の上から見ると、公転も自転も（　　　）回り
  → 天体は（　　　）から（　　　）へ動いて見える。

・アイウは方位
・a〜jは、5.4.3.2.1.12.11.10.9.8月の黄道12星座の方向

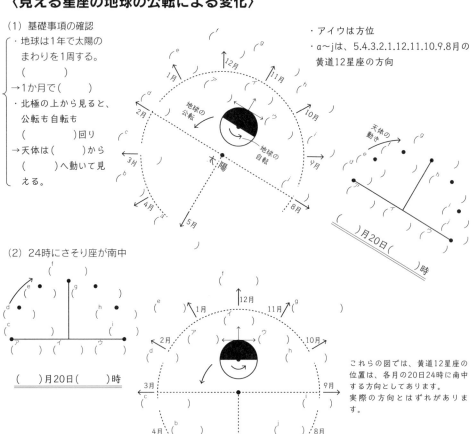

(2) 24時にさそり座が南中

（　　　）月20日（　　　）時

これらの図では、黄道12星座の位置は、各月の20日24時に南中する方向としてあります。
実際の方向とはずれがあります。

(3) 24時にいて座が南中

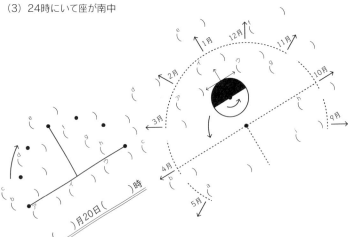

（　　　）月20日（　　　）時

〈考察〉

- 黄道12星座のその月の星座は、（　　　）の方向なので、夜見えない。
  → （　　　）か月ずれた星座が24時に南中。このとき、真南より（　　　）°東側に、（　　　）か月（　　　）の24時に南中する星座が見える。（　　　）°西側には、（　　　）か月（　　　）の24時に南中した星座が見える。

ワークシート㉔

3年　　組　　番　氏名 _____

〈金星の見え方〉

(1) 基礎事項の確認

太陽は(ア　)からのぼる。…(イ　)の太陽の方向＝(ア　)
太陽は(ウ　)に沈む。…(エ　)の太陽の方向＝(ウ　)
地球や金星の公転の向きは(オ　)回り
金星は(カ　)惑星
→地球より公転周期が(キ　)。

金星は地球に近付き、追いこして遠ざかる。
→地球から見ると金星の
(ク　　　　)な位置がある。

ここにいる人は(エ　)→ここにいる人は(ケ　)
ここにいる人は(イ　)
ここにいる人は(コ　)

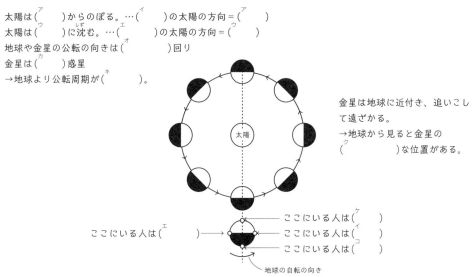

(2) 金星が見える位置関係と見える方向・時間

太陽の向こう側なので
(サ　　　　)。

暗い方を地球に向けているので
(サ　　　　)。

(エ　)の太陽の方向＝(ウ　)　(イ　)の太陽の方向＝(ア　)
(エ　)の人の地平線→　←(イ　)の人の地平線

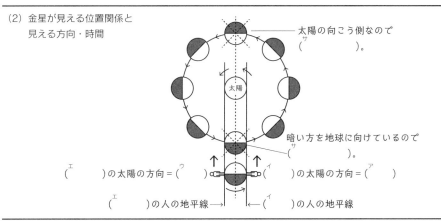

(3) 金星の満ち欠け

地球に(シ　)付くので　　　　　　　地球から(セ　)ざかるので
(ス　　　　)なる。　　　　　　　　(ソ　　　　)なる。
(エ　)(ウ　)の　　　　　　　　　　(イ　)(ア　)の方向に
方向に見える。　　　　　　　　　　見える。
→(タ　)の明星　　　　　　　　　　→(テ　)の明星

(チ　)側が欠けている。　　　　　　(ト　)側が欠けている。

近いときほど　　　　　　　　　　　近いときほど
(ツ　　　　)欠ける。　　　　　　　(ツ　　　　)欠ける。

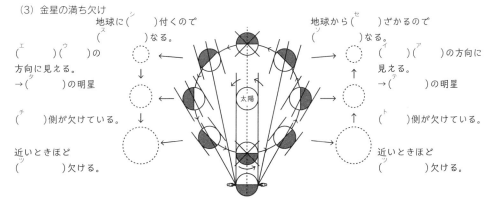

3年　　組　　番 氏名 _____

1. 実験の目的 _____

2. 方法

おもりは物体の上にのせる。
ひもは（ア　　　）になるようにする。

滑車

物体
ひも

床と（エ　　　）でなるべく低くする。　　→ スタンドを動かす方向

机の面で実験したら物体を（オ　　　）にのせて行う。どちらの面の摩擦が大きいか調べる。

スタンド全体をゆっくりと引いていき、物体が（イ　　　　　）のばねはかりの値を読み取る。
4回行い、（ウ　　　　　）する。
物体が動き始めると、ばねはかりの値がどう変化するか見る。

3. 結果

(1) 机の面と物体の間の摩擦

面を垂直に押す力 ＝ 垂直抗力

	物体が動き出す直前のばねはかりの値（N）					垂直抗力（N）	(　　)
	1回	2回	3回	4回	平均		
物体のみ						物体の重さ	
物体の上に（　　）Nのおもり						物体＋おもりの重さ	

(2) 厚紙と物体の間の摩擦

	物体が動き出す直前のばねはかりの値（N）					垂直抗力（N）	(　　)
	1回	2回	3回	4回	平均		
物体のみ						物体の重さ	
物体の上に（　　）Nのおもり						物体＋おもりの重さ	

4. 考察

(1) 物体が動き出す直前のばねはかりの値（N）÷垂直抗力（N）の値は何を表しているか。
（ヒント　面の状態に関係がある。）
（　　　　　　　　　　　　　　　　　　　　　　　　　　　　　　）

(2) 物体が動き出すとばねはかりの値が変化するのは、静止している場合と動いている場合のどちらが摩擦が大きいことを示しているか。
（　　　　　　　　　　　　　　　　　　　　　　　　　　　　　　）

ワークシート㉖

3年　　組　　番 氏名 _____

1. 実験の目的 _____

2. 方法
斜面にあるレールに球をのせ、（ア　　　）や球の（イ　　　）を変えたときに、球に（ウ　　　）木片の動く（エ　　　）を調べる。

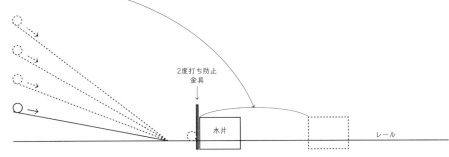

3. 結果

球の最初の高さ (cm)		0	5 (1倍)	10 (2倍)	15 (3倍)	20 (4倍)
木片の動作距離 (cm)	ガラス球 (　　)N	0				
	チタン球 (　　)N	0				
	鉄球 (　　)N	0				

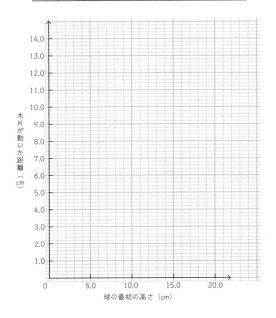

4. 考察
(1) 球のもつ位置エネルギーは、最初の高さが（オ　　　）、球の重さが（カ　　　）ほど大きくなる。

(2) 球が木片にした仕事の大きさは、木片が動いた（エ　　　）で表されている。

(3) 左のグラフの形が（キ　　　）になっていることから、位置エネルギーと（ク　　　）は（ケ　　　）することがわかる。

〈発展〉

3. 結果　位置エネルギー(J) = 球の重さ(N)×落下させた高さ(m)

ガラス球 (　　)N	落下させた高さ (m)	×0.05	×0.10	×0.15	×0.20
	位置エネルギー (J)	=	=	=	=
	木片が動いた距離 (m)				
チタン球 (　　)N	落下させた高さ (m)	×0.05	×0.10	×0.15	×0.20
	位置エネルギー (J)	=	=	=	=
	木片が動いた距離 (m)				
鉄球 (　　)N	落下させた高さ (m)	×0.05	×0.10	×0.15	×0.20
	位置エネルギー (J)	=	=	=	=
	木片が動いた距離 (m)				

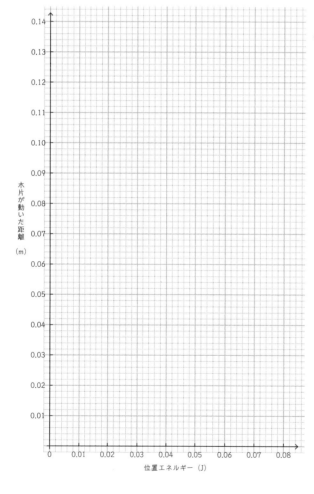

4. 考察

(1) 重さが小さい球でも、重さが大きい球よりも位置エネルギーが大きいのは、どのような場合か。
(　　　　　　　　　　)

(2) 木片が動いた距離を、球がした仕事とするためには、木片を水平に動かす力をどのように考えるか。
(　　　　　　　　　　)

(3) 木片が動いた距離を球が木片にした仕事とすると、左のグラフは、何と何のどんな関係を表しているか。
(　　　　　　　　　　)

ワークシート㉘

3年　　組　　番　氏名 _____

1. 実験の目的 _____

2. 方法　滑車のはたらきを調べる。

(1) 定滑車

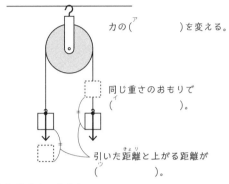

力の（ア　　　）を変える。

同じ重さのおもりで（イ　　　　）。

引いた距離と上がる距離が（ウ　　　　）。

(2) 動滑車と定滑車

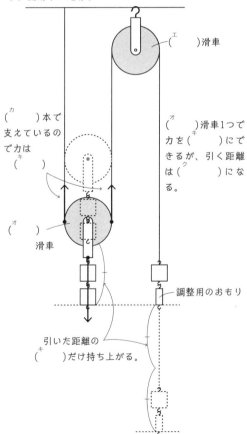

（エ　　）滑車

（カ　　）本で支えているので力は（キ　　）

（オ　　）滑車1つで力を（キ　　）にできるが、引く距離は（ク　　）になる。

（オ　　）滑車

引いた距離の（キ　　）だけ持ち上がる。

調整用のおもり

3. 結果

定滑車と動滑車を組み合わせて、おもり4個とおもり1個と調整用のおもりでつり合わせる。

※できた組み合わせの図を枠内に記入する。

4. 考察

(1) 引く力と引く距離はどんな関係か。

(　　　　　　　　　　　　)

(2) 調整用のおもりはどんなはたらきをしているか。

(　　　　　　　　　　　　)

ワークシート㉙

3年　　組　　番　氏名 _____

1. 実験の目的 _____

2. 方法　（　　　　　　　）の中に担当者名を入れる。☆は兼任可。

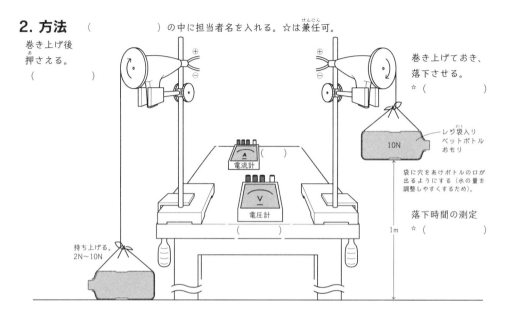

巻き上げ後押さえる。
（　　　）

巻き上げておき、落下させる。
☆（　　　）

レジ袋入りペットボトルおもり　10N

袋に穴をあけボトルの口が出るようにする（水の量を調整しやすくするため）。

電流計（　　　）
電圧計（　　　）

持ち上げる。2N〜10N

落下時間の測定　1m
☆（　　　）

3. 結果　10Nのおもりを1m落下させる。（位置エネルギー　10N×1m＝　　J）

①持ち上げたおもりの重さ(N)	②電圧(V)	③電流(A)	④1mの落下時間(S)	⑤=②×③×④電気エネルギー(J)	⑥=⑤/⑩×100電気エネルギーへの（　　）(%)	⑦おもりが持ち上がったときの高さ(m)	⑧=①×⑦	⑨=⑧/⑩×100最終的な（　　）(%)
N	V	A	S	J	%	m	J	%
N	V	A	S	J	%	m	J	%
N	V	A	S	J	%	m	J	%
N	V	A	S	J	%	m	J	%
N	V	A	S	J	%	m	J	%

4. 考察

(1) 位置エネルギーから電気エネルギー、位置エネルギーと、段階的にエネルギーを変換していく際の変換効率の変化について説明しなさい。
（　　　　　　　　　　　　　　　　　　　　　　　　　　　　　　　　）

(2) 変換効率を改善するために、どのような工夫が考えられるか。
（　　　　　　　　　　　　　　　　　　　　　　　　　　　　　　　　）

おわりに

　日本国憲法は「国際平和主義」「民主主義」「主権在民主義」に基づいています。昭和22年に文部省が中学1年生用の教材として配付した「あたらしい憲法のはなし」には、次のような記述があります。「～いまのうちに、よく勉強して、国を治めることや、憲法のことなどを、よく知っておいてください。もうすぐみなさんは、おにいさんやおねえさんといっしょに、国のことを、じぶんできめてゆくことができるのです。～」

　また、教育基本法の前文には、「～世界の平和と人類の福祉の向上に貢献することを願う～日本国憲法の精神にのっとり～この法律を制定する」とあります。

　そして、平成29年7月に出された学習指導要領の解説にはこれまでと同様に、理科の目標について、「～科学的な根拠に基づいて賢明な意思決定ができるような態度を身に付ける必要がある」という記述があります。

　今日的な教育手法についていろいろなことが言われていますが、理科の教員として大切にしたい基本は上記のことです。生徒たちが中学校の理科で、観察や実験を多く行い、その結果から考察し、判断する経験を積むことは、将来、国のことを自分で決めていくときに科学的な根拠に基づいて賢明な意思決定ができるようになることに役立つと思います。私たち理科教育に携わる者には、今指導している次の世代を担う生徒たちの思考力を養い、平和で安定した社会を継続させるようにする重大な責任があるということです。本書が、観察や実験の授業を充実させる一助になってほしいと思っています。

　最後になりましたが、私に東洋館出版社を紹介してくださった品川区立八潮学園校長の山口晃弘先生に感謝いたします。また、同出版社の上野絵美氏や漢那美沙氏にはお世話になりました。そして何より、私の理科の授業を受けて、様々な有意義な反応をしてくれる生徒のみなさんが本書を出した原動力です。ありがとう。

著者紹介

大久保秀樹

昭和39年生まれ　東京都板橋区立高島第一中学校主幹教諭
埼玉大学教育学部卒業後、東京都の教員になる。現職で兵庫教育大学大学院にて派遣研修を行う。修士（教育学）を取得。オープンウォーター競技（海を泳ぐレース）大会に出場する水泳の競技者でもある（決して速くない）。これまで水泳部の顧問をしていたが、現在の勤務校には水泳部がないので創部したいと思っている。そのほかにも、趣味は模型づくりや音楽鑑賞（特にオペラ）と幅広い。

中学校理科
図解でわかる「深い学び」のプロセス
－ビジュアル解説＆ワークシート集－

・・

2018（平成30）年4月18日　初版第1刷発行

著　者：大久保秀樹
発行者：錦織圭之介
発行所：株式会社　東洋館出版社
　　　　〒113-0021　東京都文京区本駒込5丁目16番7号
　　　　営業部　電話03-3823-9206　FAX03-3823-9208
　　　　編集部　電話03-3823-9207　FAX03-3823-9209
　　　　振替　00180-7-96823
　　　　URL　http://www.toyokan.co.jp

装　丁：小倉祐介
本文デザイン：竹内宏和（藤原印刷株式会社）
イラスト：小倉祐介
編集協力：株式会社 東図企画
印刷・製本：藤原印刷株式会社

ISBN978-4-491-03518-5
Printed in Japan

JCOPY ＜(社)出版者著作権管理機構　委託出版物＞
本書の無断複写は著作権法上での例外を除き禁じられています。複写される場合は、そのつど事前に、(社)出版者著作権管理機構（電話 03-3513-6969, FAX 03-3513-6979, e-mail：info@jcopy.or.jp）の許諾を得てください。